제4판

산업조직론 해답집

Theory of Industrial Organization

박종국

法文社

산업조직론이 처음 나온 지 11년이 넘었고 제4판을 내게 되었다. 이에 발맞추어 기쁜 마음으로 해답집도 개정하게 되었다. 산업조직론은 기업의 전략적 행동, 기업 간 상호작용, 규제와 경쟁정책을 연구하는 경제학의 한 분야이다. 기업 행동에 대한 현실적인 분석과 견고한 이론 체계를 제공하기 때문에 학생들에게 매력적으로 받아들여지고 있다. 기업이나 공공분야에서도 유용성이 매우 높다고 본다.

산업조직론에서 소개하는 기업의 전략적 행동이나 정부의 규제와 경쟁 정책은 사실은 현실에 대한 질문에서 출발한다고 할 수 있다. 학습도 중요하지만 질문하는 것과 의문을 가지는 것도 중요하다. 연습문제는 질문하는 법을 익히는 또 다른 방법이다. 모든 학문이 그렇듯이 내용만 배우고 평가가 없으면 교육 효과는 반감된다. 연습문제를 풀어보는 것은 평가의 일환이다. 연습문제에 대한 자신의 답과 본 해답집을 비교하는 것은 힘든 과정이나 중요한 작업이다. 연습문제에 대한 해답을 얻기 위한 혼자만의 고민과 노력을 통하여 사고력을 키울 수 있다. 친구들과 협업은 또 다른 좋은 대안이다. 자신의 해답이나 해답을 위한 노력의 흔적을 해답집과 비교하면 산업조직론에 대한 이해도를 더 높일 수 있다.

개정을 하면서 제3판의 해답에 일부 오류를 발견하였다. 저자의 과목을 수강하는 학생들의 지적에 의한 것도 많다. 학생들에게 고마움을 표한다. 모든 문제에 대한 계산을 다시 해 보았고 이를 제4판 해답집에 담았다. 어떤 문제는 정확한 해답보다는 다양한 의견이 중요할 수 있다. 독자들이 나름의 독창적인 견해를 제시할 수 있을 것이다. 답안에 대한 질문이 있으면 저자의 이메일로 문의하기 바란다. 물론 산업조직론 내용에 대한 질문도 환영한다.

본 해답집은 수학 변수의 복잡한 표현과 수학식이 많다. 이는 편집에서 까다로운 작업을 필요로 한다. 이러한 작업을 마다하지 않고 출판해 준 법문사와 담당자 여러분들에게 감사의 말씀을 전한다.

2023년 8월

박종국

ckp@khu.ac.kr

Theory of Industrial Organization 차 례

본서의 개관

1. 1) 기업 행동에 대한 경제학적 후생 평가가 정부의 정책을 변경시킬 수 있다. 사회적 피해를 유발하기 때문에 엄격히 금지 또는 규제되던 어떤 행동이, 오랜 기간 연구 결과 사회후생에 오히려 혜택을 주는 것으로 판명된다면, 이러한 행동에 대한 규제와 법규는 변경될 수 있다. 예를 들어, 과거에 기업의 묶음판매(끼워팔기)라는 행동은 당연위법이었었는데, 묶음판매가 반드시 사회후생에 피해를 주는 것이 아니라는 연구결과가 검증되었다. 현재는 합리성원칙에 따라서, 해당 행동이 사회후생에 피해를 주지 않는다면, 규제를 하지 않고 있다.

2) 수요의 가격 대체성(탄력성)이 무한대에 접근한다면, 시장은 불완전 경쟁시장에서 완전경쟁시장 구조로 전환될 수 있다. 또한 기술 확산으로 중소기업이 증가한다면, 시장구조는 경쟁적이 될 수 있다. 우리나라에서 인터넷몰은 전자상거래와 프로그램 기술의 확산으로 경쟁적인 시장구조로 전환되었다.

3) 성과 변수인 품질 향상은 시장 기본조건의 공급 측면에서 제품 내구성([그림 1-1]에는 표시 안됨)을 높일 수 있으므로 성과는 기본조건에 직접 영향을 미칠 수 있다. 또한 성과 변수인 기술 진보는 수요 성장을 촉진할 수도 있다. 일반적으로 성과가 시장 기본 조건을 변경시키기란 쉽지 않다.

4) 배분적 효율성은 $P=MC$를 달성하는 것이므로, 완전경쟁시장 구조를 만들거나, 불완전경쟁시장이라 하더라도, 기업들이 가격을 한계비용에서 설정하도록 해야 한다. 완전경쟁시장 구조를 만들기 위해서는 기업의 자유 진입이 가능하도록 진입장벽을 없애야 한다. 시장가격이 한계비용보다 높게 설정된다면, 그 차액에 대한 보조금을 지급하여 $P=MC$를 달성할 수 있다. (물론 이 경우에 보조금으로 인한 사중손실이 최소화되도록 해야 할 것이다.)

2. 경제학에서 일반적으로 생산은 판매를 포함한다고 가정하지만, 실제로 생산자(제조업체)가 판매망(또는 유통망)을 보유하지 못하는 경우가 많다. 또한 생산자가 판매망을 갖추기 위해서는 막대한 비용이 소요될 수도 있다. X재의 경우가 이에 해당하며, X재 생산자는 판매를 위한 막대한 비용을 들이는 것보다는 다른 판매(전문) 기업에 의뢰해서 거래비용을 최소화하여 이윤극대화를 한다고 볼 수 있다. 이에 비해서 Y재의 경우에 제조업과 판매망(또는 유통망)을 보유한 경우에 거래비용을 내부화하여 이윤을 극대화하는 경우이다. 자체 유통망(대리점)을 보유하는 삼성전자나 LG전자는 생산과 판매를 겸업하고 있으나, 중소 전자업체는 하이마트 등을 이용하여 판매하는 예를 생각해 볼 수 있다.

3. 위키피디아라는 인터넷 백과사전이 출현하기 이전에 브리태니카 백과사전(인쇄본)은 편집부에서 직원들이 각종 지식을 취재 종합하여 인쇄한 후에 (방문, 또는 매장) 판매를 하였다. 직원들의 지식 수집과 편집, 그리고 판매에는 상당한 비용과 노력이 소요되었다. 그러나 인터넷이 확산된 이후에 위키피디아는 전문가들이 특정 주제에 대해서 자신의 지식을 자유롭고 자발적으로 올리게 하고 다른 사람들이 이 지식을 이용하게 하는 특별한 프로그램을 소개하였다. 지식을 올리는 주체와 이를 이용하는 주체가 모두 만족하는 시스템이다. 인터넷 특성상 위키피디아 생산과 판매에는 (거래)비용이 거의 소요되지 않기 때문에 기존의 브리태니카 백과사전을 쉽게 대체하면서 시장에서 성공할 수 있었다. 우리나라에서도 위키피디아뿐만 아니라 네이버 등의 검색과 지식인 체계의 저렴한 거래비용이 백과사전을 사라지게 한 주요 요인으로 볼 수 있다. 위키피디아식 생산은 미시경제학에서 말하는 생산함수와 매우 다른 양상으로 생산된다. 전통적인 생산방식은 요소(노동 등)를 투입하고 비용을 지불해야 하나, 위키피디아식 생산방식은 자발적으로 요소 투입이 이루어지고 더 전문적일 수 있다는 점이다. 이노센티브사는 자신들이 요소를 투입해서 생산하는 것이 아니라 공개적으로 외부로부터 아이디어를 투입하여 생산(컨설팅)하는 것이므로 낮은 거래비용으로 생산하는 위키피디아 방식과 유사하다. 이러한 위키피디아식 생산은 양면시장에서 플랫폼기업의 행동이다(제17장 참고).

4. 이 문제는 중간재 기업이 이 산업에서 독점, 최종재 기업도 해당 산업에서 독점기업인 경우를 상정한다. 최종재 기업이 단독적으로 투자 결과 최종재에 대한 소비자 지불 가격이 두 배가 된다면, 이 기업의 이윤도 그만큼 증가한다고 볼 수 있다. 중간재를 공급하는 기업은 중간재 가격 협상에서 중간재를 공급하지 않겠다는 위협을 가하면서 최종재 기업의 이윤 증가의 일부분을 중간재

가격에 이전시킬 것을 주장할 것이다. 중간재 기업의 이와 같은 행동을 Hold-up(경제적 강탈) 문제라고 한다. 이는 최종재 기업의 입장에서 투자한 만큼 이윤을 얻지 못하는 결과를 초래하므로 투자 유인이 저하되거나 사라지게 되어 원래 계획했던 K^*의 투자 수준에 미달한다. 이는 중간재 기업이 최종재 기업의 투자 이후에 중간재의 제품 특이성을 빌미로 기회주의적 행동을 취하기 때문이다. 이 경우에 거래비용이 높으므로 최종재 기업의 소비자 가치를 높이는 투자 행동을 하지 않게 하는 것이다.

5. 자연독점의 경우에는 규모의 경제가 진입장벽의 역할을 하기 때문에 진입장벽을 제거하기 어렵다. 이와 같은 경우에, 경쟁가능성 이론의 주장처럼 독점시장이 완전경쟁시장과 같은 효율성을 달성하기 어렵다.

기업이론

1. 1) $0<a<1$인 경우, 생산함수는 $Q=L^a$. 요소 공급함수는 $L=Q^{\frac{1}{a}}$. 총비용함수는 $C=wQ^{\frac{1}{a}}$, 평균비용함수는 $AC=\dfrac{C}{Q}=wQ^{\frac{1-a}{a}}$, 한계비용함수는 $MC=\dfrac{dC}{dQ}=\dfrac{w}{a}Q^{\frac{1-a}{a}}$이다.

i) 생산함수: (예, $Q=\sqrt{L}$) DRS   ii) 총비용함수

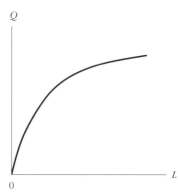
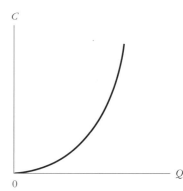

iii) AC, MC: $0<a<1/2$ $1/2<a<1$

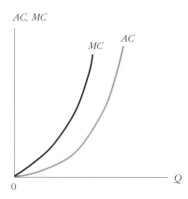
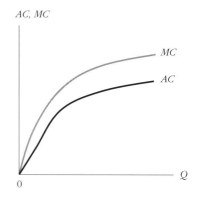

2) $a=1$인 경우, 생산함수는 $Q=L$. 요소 공급함수는 $L=Q$. 총비용함수는 $C=wQ$, 평균비용함수는 $AC=\dfrac{C}{Q}=w$, 한계비용함수는 $MC=\dfrac{dC}{dQ}=w$이다.

i) 생산함수: *CRS*

ii) 총비용함수

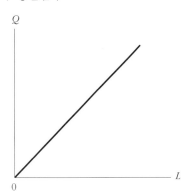

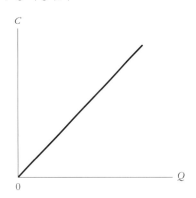

iii) *AC, MC*

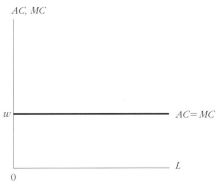

3) $a>1$인 경우, 생산함수는 $Q=L^a$. 요소 공급함수는 $L=Q^{\frac{1}{a}}$. 총비용함수는 $C=wQ^{\frac{1}{a}}$, 평균비용함수는 $AC=\dfrac{C}{Q}=wQ^{\frac{1-a}{a}}$, 한계비용함수는 $MC=\dfrac{dC}{dQ}=\dfrac{w}{a}Q^{\frac{1-a}{a}}$이다.

i) 생산함수: (예, $Q=L^2$의 생산함수) *IRS* ii) 총비용함수

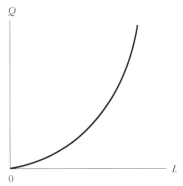

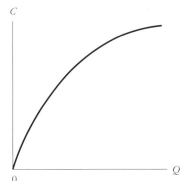

iii) AC, MC:

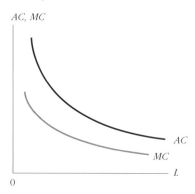

2. 1) $MP_K = \dfrac{\partial Q}{\partial K} = ab(K^a + L^a)^{b-1}K^{a-1}$, MP_K는 K와 L의 함수임.

$MP_L = \dfrac{\partial Q}{\partial L} = ab(K^a + L^a)^{b-1}L^{a-1}$, MP_L은 K와 L의 함수임.

2) $\dfrac{\partial MP_L}{\partial K} = a^2 b(b-1)(K^a + L^a)^{b-2}K^{a-1}L^{a-1} = \dfrac{\partial MP_K}{\partial L}$

3) 위 2)에서 K와 L이 보완요소라면($\dfrac{\partial MP_L}{\partial K} = \dfrac{\partial MP_K}{\partial L} > 0$), $b > 1$임. K와 L이 대체

요소라면($\dfrac{\partial MP_L}{\partial K} = \dfrac{\partial MP_K}{\partial L} < 0$), $0 < b < 1$임.

4) $f(tK, tL) = ((tK)^a + (tL)^a)^b = t^{ab}f(K, L)$

IRS: $f(tK, tL) > tf(K, L)$이어야 하므로 $ab > 1$이면 생산함수는 IRS

CRS: $f(tK, tL) = tf(K, L)$이어야 하므로 $ab = 1$이면 생산함수는 CRS

DRS: $f(tK, tL) < tf(K, L)$이어야 하므로 $ab < 1$이면 생산함수는 DRS

3. 1) $AC = q^2 - 2q + 2 + \dfrac{10}{q}$ (최저 $q_a \approx 2.12$, 최저 $AC = 6.97$);

$AVC = q^2 - 2q + 2$ (최저 $q_v = 1$, 최저 $AVC = 1$);

$AFC = \dfrac{10}{q}$ (최저 q는 무한대, 최저 AFC는 영에 점근)

$MC = 3q^2 - 4q + 2$ (최저 $q_m = \dfrac{2}{3}$, 최저 $MC = 0.67$)

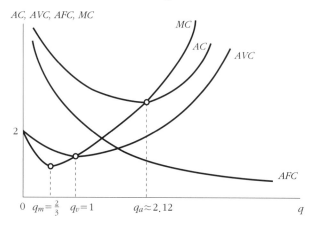

2) $AC = \dfrac{q}{100} + \dfrac{1}{2} + \dfrac{100}{q}$ (최저 q_a=100, 최저 AC=2.5);

   $AVC = \dfrac{q}{100} + \dfrac{1}{2}$ (최저 q_v=0, 최저 $AVC = \dfrac{1}{2}$);

   $AFC = \dfrac{100}{q}$ (최저 q는 무한대, 최저 AFC는 영에 점근)

   $MC = \dfrac{q}{50} + \dfrac{1}{2}$ (최저 q_m=0, 최저 $MC = \dfrac{1}{2}$)

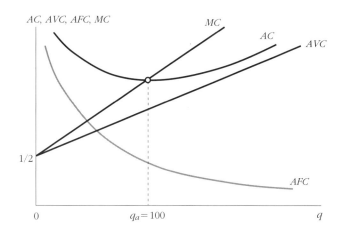

3) $AC = q+1$ (최저 q_a=0, 최저 AC=1);

   $AVC = q+1$ (최저 q_v=0, 최저 AVC=1);

   $AFC = 0$ (고정비용=영이므로 AFC는 존재 안함.)

   $MC = 2q+1$ (최저 q_m=0, 최저 MC=1)

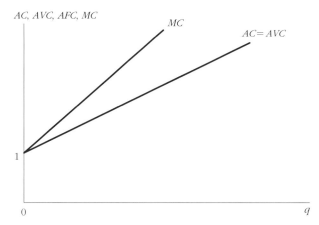

4) $AC = c + \dfrac{1000}{q}$ (최저 q_a는 무한대, 최저 AC는 c에 점근);

   $AVC = c$ (최저 q_v는 모든 수량, 최저 $AVC=c$);

$AFC = \dfrac{1000}{q}$; (최저 q는 무한대, 최저 AFC는 영에 접근)

$MC = c$ (최저 q_m은 모든 수량, 최저 $MC = c$)

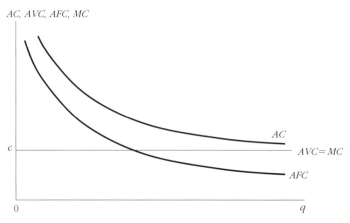

5) $AC = c$ (최저 q_a는 모든 수량, 최저 AC는 c);

    $AVC = c$ (최저 q_v는 모든 수량, 최저 $AVC = c$);

    $AFC = 0$ (고정비용 없음)

    $MC = c$ (최저 q_m은 모든 수량, 최저 $MC = c$)

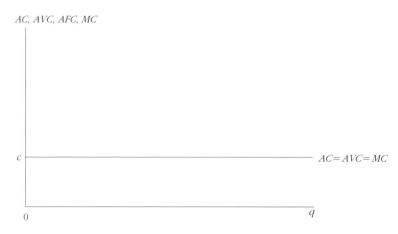

4. 1) $TR = P(Q)Q = (a - bQ)Q$; $MR = \dfrac{dTR}{dQ} = a - 2bQ$

     총수입 극대화 생산량은 $MR = \dfrac{dTR}{dQ} = a - 2bQ = 0$인 $Q_r = \dfrac{a}{2b}$.

2) $TR = \dfrac{a}{Q}Q = a$; 즉, 총수입은 생산량과 관계없이 a로 일정함. $MR = \dfrac{dTR}{dQ} = 0$ 이므로 모든 생산량에서 총수입은 극대화된다(그러나 이윤극대화 생산량과는 다르다).

3) $TR=(aQ^{-b})Q=aQ^{1-b}$: 여기서 b는 영보다 큰 경우를 고려한다(b가 영보다 작다면, 수요함수의 일반적인 특징에 어긋난다). $b=1$인 경우는 위 2)와 동일하다. $0<b<1$인 경우에, $MR=a(1-b)\ Q^{-b}<0$이므로 생산할수록 수입은 감소하므로 총수입을 극대화하는 생산량은 영이어야 한다. $b>1$인 경우에, $MR=a(1-b)\ Q^{-b}>0$이므로 총수입을 극대화는 특별한 제약이 없는 한 무한대이다.

5. 범위의 경제: $C(X,\ Y)<C(X,\ 0)+C(0,\ Y)$

1) $C(X,\ Y)=200+X+2Y$; $C(X,\ 0)+C(0,\ Y)=(200+X)+(200+2Y)$. $C(X,\ Y)<C(X,0)+C(0,\ Y)$이므로 이 비용함수는 범위의 경제를 보인다.

2) $C(X,\ Y)=2X+Y+2XY$; $C(X,\ 0)+C(0,\ Y)=(2X)+(Y)$. $C(X,\ Y)>C(X,0)+C(0,\ Y)$이므로 이 비용함수는 범위의 경제를 보이지 않는다.

6. 장치산업(또는 설치산업)은 처음 제작된 고정설비에 원료를 투입하여 생산하는 산업으로 석유화학산업, 정유산업, 철강산업, 시멘트 산업 등을 말한다. 생산은 파이프나 용기(container)를 이용하여 생산하며 공장의 공정단위의 규모 확장에 따른 '공장 특정적' 규모의 경제가 발생한다. 생산량은 용기의 부피에 비례하는데 비해서 공정단위 비용은 용기의 표면적에 비례한다. 파이프나 원통형 용기의 표면적과 부피는 반지름의 함수인데, 반지름의 증가에 따라서 표면적보다 부피가 더 많이 증가한다. 따라서 생산량(부피)의 증가는 평균비용을 감소시킨다.

7. 규모의 경제가 있는 경우에 생산량이 증가하면 평균비용이 하락한다. 이윤극대화는 한계수입과 한계비용이 같은 생산량에서 달성된다. 규모의 경제에서 많이 생산하여 평균비용이 하락하는 것은 사실이나 총수입의 변화를 알지못하므로 많이 생산하는 것이 이윤극대화에 부합하는 것은 아니다.

8. [그림 2-3]에서 보듯이 매출극대화 생산량은 이윤극대화 생산량보다 크다. 수학적으로 총매출함수를 $TR(Q)$, 총비용함수를 $TC(Q)$라 하자. 매출극대화 생산량을 Q_r이라 하면 이는 $\frac{dTR}{dQ}=0$을 만족한다. 이에 비해서 이윤함수는 $\pi=TR(Q)-TC(Q)$이고 한계이윤은 $\frac{d\pi}{dQ}=\frac{dTR}{dQ}-\frac{dTC}{dQ}$인데, 매출극대화 생산량을 대입하면 $\frac{d\pi}{dQ}=\frac{dTR}{dQ}-\frac{dTC}{dQ}=-\frac{dTC}{dQ}<0$이므로($\frac{dTC}{dQ}=MC>0$) 이윤극대화 생산량은 Q_r보다 더 적다.

9. [그림 2–4]를 참고하여 설명하자. 아래의 왼쪽 그림과 같이 최고점이 A인 이윤함수를 고려하자. 효용함수 $U_A = \min(S, \pi_d)$를 그림에 무차별곡선으로 그리면 L자 모양이다. 특히 이 경우에 L자의 꼭지점은 45도 선에 위치한다. 어떤 경영인의 효용극대화가 L자모양의 모서리가 아래의 그림처럼 A에 접한다면, 임원혜택 지출(S^*)은 이윤극대화(극대화 이윤$=\pi_d{}^A$)에서 달성된다. 그러나 오른쪽과 같이 이윤함수의 최고점이 B와 같은 경우에 이 경영인의 효용극대화는 이 이윤함수의 최고점 B가 아니라 옆인 C점에 접하게 되어, 임원혜택 지출(S_B)은 이윤극대화 임원혜택 지출($S_B{}^*$)보다 더 크고 이윤은 감소한다. [그림 2–4]처럼 경영인의 효용함수가 한계대체율 체감을 보이는 경우이면 이 주장은 맞지만, 완전보완적인 효용함수($\min(E, \pi_d)$)인 경우에는 이윤함수의 수준에 따라 이 주장은 맞을 수도 있고 틀릴 수도 있다.

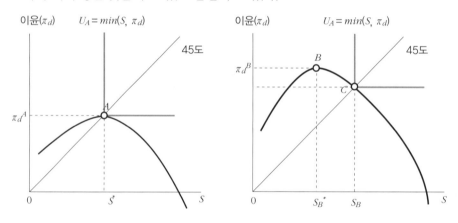

10. 공장에서 생산을 위한 공정 또는 용기의 규모 확장에 따른 공장 특정적 규모의 경제 발생. 반지름이 10인 경우 $V=4{,}186.7$, $S=1{,}256$이고, 반지름이 15인 경우 $V=14{,}130$, $S=2{,}856$이다. 생산량인 부피가 3.375배 증가할 때, 총비용인 표면적은 2.25배 증가. 생산량 증가에 따라 평균 비용 감소.

11. 총수입은 $TR=P(Q)Q=(a-bQ)Q$이므로 이윤은 $\pi=TR-TC=(a-bQ)Q-Q^2$. 이윤극대화 1차조건은 $\dfrac{d\pi}{dQ}=a-2bQ_m-2Q_m=0$이므로 이윤극대화 생산량은 $Q_m=\dfrac{a}{2(1+b)}$. 이를 수요함수에 대입하면 가격은 $P_m=\dfrac{a(2+b)}{2(1+b)}$. 이윤은 $\pi_m=\dfrac{a^2}{4(1+b)}$. 다른 방법으로, $MR=-2bQ$, $MC=2Q$를 이윤극대화 조건식 ($MR=MC$)에 대입하여 이윤극대화 생산량을 구할 수도 있다.

완전경쟁시장

1. 주어진 자료에서 AVC의 최저점을 파악할 수 없다. 완전경쟁시장에서 가격이 AVC 최저보다 더 높으면 비록 손실이 나더라도 조업(생산)을 한다. 예를 들어, 17:00에 운행하면 이윤은 $-1,000(TR=1,000 \times 300,\ TVC=970 \times 300,\ TFC=10,000)$인데 비해서, 운행 안 하면 이윤은 $-TFC=-10,000(TR=0,\ TVC=0,\ TFC=10,000)$이므로, 손실이 나더라도 운행하는 것이 더 낫다. 이에 비해서 16:00에 운행하면 손실은 20,000이고, 운행 안 하면 손실은 10,000이므로 운행 안 하는 것이 더 낫다. 다른 시간 대에는 이윤이 모두 양이므로 운행한다.

2. $P=6$. 주어진 표에서 판매량 0에서 총비용이 3이므로 총고정비용은 3이다. 총비용에서 3을 빼면 총가변비용(TVC)을 얻으며, 이를 판매량으로 나누면 AVC를 얻을 수 있다. MC는 총비용의 증가분을 판매량 증가분(=1)으로 나눈다. 이윤은 총수입($P \times Q=6 \times Q$)에서 총비용을 뺀 차액이다. 연습문제의 표에 총수입을 추가하면 다음과 같다.

판매량	0	1	2	3	4	5	6	7	8
총비용	3	5	8	12	17	23	30	38	47
AVC	–	2	2.5	3	3.5	4	4.5	5	5.5
MC	–	2	3	4	5	**6**	7	8	9
총수입	0	6	12	18	24	30	36	42	48
이윤	–3	1	4	6	7	7	6	4	1

1) $P=MC$, 즉 $6=MC$에서 이윤극대화가 달성되므로 최적 생산량은 5이다. 표에서 보듯이 이윤은 7로서 최대화되었다.

2) 7단위 생산시 한계비용은 8이다. 7단위 생산시 한계수입은 가격으로서 6이다. 7단위 생산으로 추가적 수입은 6인데 추가적 비용은 8이므로 생산하지

않는다. (생산량을 줄인다.)

3) 가격이 8원으로 상승하면, 이윤극대화 조건(8=MC)에 따라서, 7단위를 생산한다.

3. 먼저 시장수요곡선은 미시경제학의 효용극대화에서 도출한 개별 소비자의 우하향하는 수요곡선을 합한 것으로 우하향한다. 시장의 균형 가격은 시장공급곡선과 교차하는 점에서 발생한다. 개별 기업은 어떤 수량에서든 이 가격을 받으므로 (가격수용자) 그리고 이는 수평선을 뜻하므로 개별 기업이 직면하는 수요곡선은 시장가격에서 수평선이다. 참고로 개별 기업의 공급곡선은 우상향하는 MC곡선이다.

4. a)

1)~2) $AC = \dfrac{q}{100} + \dfrac{1}{2} + \dfrac{100}{q}$; AC최저점 생산량$=100$, 최저 $AC = 2.5$; $AVC = \dfrac{q}{100} + \dfrac{1}{2}$; $MC = \dfrac{q}{50} + \dfrac{1}{2}$. AVC와 MC는 생산량 영에서 최저점은 $\dfrac{1}{2}$.

3) 공급함수; $q = \begin{cases} 50P - 25, & \text{for } P \geq \dfrac{1}{2} \\ 0, & \text{for } P \leq \dfrac{1}{2} \end{cases}$

a)

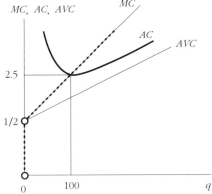

* 공급곡선: 빗금친 굴절선분

b)

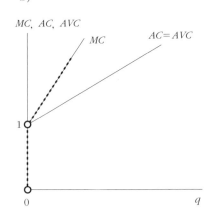

b)

1)~2) $AC = AVC = q + 1$; AC와 AVC최저점 생산량은 1, 최저 $AC = $최저$AVC = 1$, $MC = 2q + 1$.

3) 공급함수; $q = \begin{cases} \dfrac{P-1}{2}, & \text{for } P \geq 1 \\ 0, & \text{for } P \leq 1 \end{cases}$

c)

1)~2) $AC = c + \dfrac{10000}{q}$; AC의 최저점은 $AC = c$에 점근. $AVC = MC = c$로서 수평선, 최저점은 모든 생산량에 대해서 c.

공급함수: $q = \begin{cases} \infty \; for \, P > c \\ [0, \; \infty] \; for \, P = c \\ 0, \; for \, P < 0 \end{cases}$

(그러나 이 문제에서 수요곡선이 우하향하는 경우를 상정하면, 수요곡선과 공급곡선이 만나는 점에서 가격이 정해질 것인데, 이 점에서 평균비용은 항상 가격보다 더 크므로 손실이 발생하여 시장이 유지되지 못할 것이다.)

c)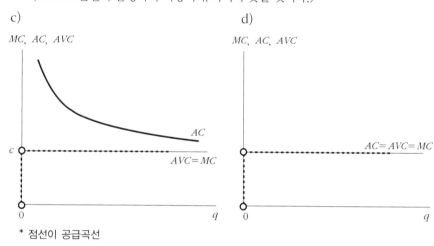

d)

* 점선이 공급곡선

d)

1)~2) $AC = AVC = MC = c$로서 수평선, 최저점은 모든 생산량에 대해서 c이다.

공급함수: $q = \begin{cases} \infty \; for \, P > c \\ [0, \; \infty] \; for \, P = c \\ 0, \; for \, P < c \end{cases}$

즉, 공급곡선은 c에서 수평선이라고 할 수 있다.

5.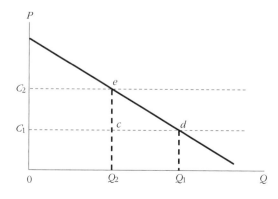

1) 1기업이 가격을 $P_1 = C_1$, 2기업은 가격을 $P_2 = C_2$에 설정한다면, 모든 소비자들은 1기업에서 구매한다. 시장 균형 가격은 C_1, 균형 생산량은 $Q_1^e = \dfrac{(a-C_1)}{b}$이다. $Q_2^e = 0$이다.

2) 시장가격은 $C_1 = C_2$이다. 시장 균형 생산량은 $Q^e = Q_1^e + Q_2^e = \dfrac{a-C_1}{b}$이다. 각 기업의 생산량은 정해지지 않는다(반씩 또는 1기업은 1/3, 2기업은 2/3 등으로 나누어 생산할 수 있다).

6. 위 4번 문제 c)의 답을 참고한다.

7. 1) 문제에 $N_1 = N_2 = 10$을 대입하면 공급함수를 다시 작성할 수 있으며 아래와 같다.

$$Q = \begin{cases} 0, & P < 2.5 & A \\ 100N, & P = 2.5,\ 0 \le N \le 10 & B \\ 500(P-0.5), & 2.5 < P < 3 & C \\ 1250 + 100M, & P = 3,\ 0 \le M \le 10 & D \\ 500(2P-1.5), & P > 3 & E \end{cases}$$

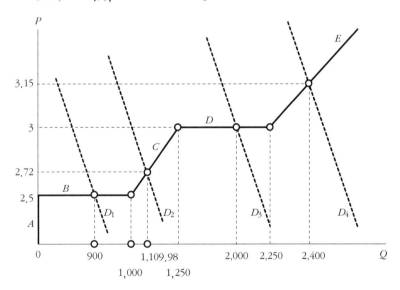

2)~3)

D_1은 B구간의 수평선과 교차하므로 균형 가격은 2.5, 판매량은 900 (902.5$-Q=2.5$의 해), 기업수는 9($Q=100N=900$의 해); $CS=405,000$, $PS=0$, $SW=405,000$이다.

D_2는 C구간과 교차하므로 균형 가격은 2.72, 판매량은 1109.98(1112.7$-$

Q=0.5+Q/500의 해), 기업수는 $N1=10$개이다. $CS=616{,}027.84$, $PS=232.06$, $SW=616{,}259.90$이다.

D_3는 D구간과 교차하므로 균형 가격은 3, 판매량은 2,000(2003−Q=3의 해), 기업수는 총 17.5개($N1=10$, $N2=7.5$)(2,000=1,250+100M에서 $M=7.5=N2$)이다. $CS=2{,}000{,}000$, $PS=562.5$, $SW=2{,}000{,}562.5$이다.

D_4는 E구간과 교차하므로 균형 가격은 3.15, 판매량은 2,400(2,403.15−Q=0.75+Q/1000의 해), 기업수는 20개이다. $CS=2{,}880{,}000$, $PS=911.25$, $SW=2{,}880{,}911.25$이다.

8.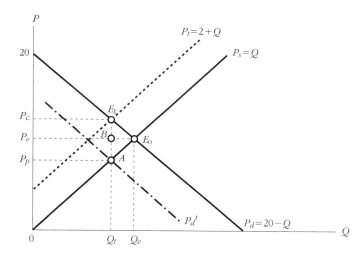

1) 균형은 E_0에서 발생하며 생산량 균형조건: $Q_e=20-Q_e$에서 균형 거래량 $Q_e=10$, 이를 수요 또는 공급에 대입하면 균형 가격 $P_e=10$, 소비자잉여는 $20P_eE_0$의 면적으로 $CS=50$, 생산자잉여는 P_e0E_0의 면적으로 $PS=50$, 사회후생은 $CS+PS$로서 $SW=100$이다.

2) 종량세를 생산자에게 부과하면, 공급곡선이 2만큼 위로 이동하여 새로운 균형은 E_1에서 발생한다. 세금 부과 후 E_1에서 균형 생산량(Q_t)은 $2+Q_t=20-Q_t$에서 $Q_t=9$, 세금 부과 후 소비자가 지급하는 가격은 $P_c=11$, 생산자가 세금 납부 후 받는 (실제)가격은 $P_p=9$이다. 여기서 생산자에게 세금 2를 부과했으나 실제로 소비자가 1(=11−10), 생산자가 1(=10−9)을 부담하는 조세부담의 귀착 현상이 발생한다. 소비자잉여는 $20P_cE_1$의 면적으로 $CS_t=40.5$, 생산자잉여는 P_p0A의 면적으로 $PS_t=40.5$, 정부의 조세수입은 $P_cP_pAE_1$의 면적으로 $GR=18$이다. 사회후생은 CS_t+PS_t+GR로서 $SW_t=99$이다. 세금 부과 전과 부과 이후의 잉여를 비교하면, 거래량이 Q_e에서 Q_t로 감소하여 소비자잉여가 E_1BE_0만큼 감소하고, 생산자잉여는 BAE_0만큼 감

소하는데 이 합(E_1AE_0)을 사중손실이라 한다. 또는 세금 부과 이전의 SW와 부과 이후의 SW_t의 차이이다. 사중손실은 1이다.

3) 소비자에게 2원의 세금을 부과하면 수요곡선이 2만큼 내려오게 되어($=P_d$) A점을 통과하게 되고, 균형에서 거래량, 소비자 가격, 생산자 가격은 생산자에게 세금을 부과한 것과 동일하다. CS, PS, SW, 사중손실 등도 2)와 동일하다.

9. 수요와 공급이 8번 연습문제와 동일하다.

1) 결과는 8번 연습문제 3)을 참고한다.

2) 그림을 통하여 설명해 보자. 생산자에게 k의 세금을 부과하면 공급곡선은 수직으로 동일하게 이동하는 것이 아니라 그림처럼 비례적으로 회전한다 ($Q_s \rightarrow Q_s^t$). 이에 따라 세금 후 균형은 A에서 발생하며, 거래량은 Q_1, 소비자 가격과 생산자 가격의 차이인 세금액을 T_s라 하자.

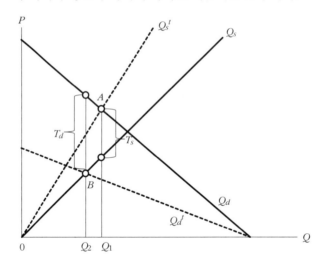

이제 소비자에게 k의 세금을 부과하면 수요곡선은 그림처럼 비례적으로 회전한다($Q_d \rightarrow Q_d^t$). 이에 따라 세금 후 균형은 B에서 발생하며, 거래량은 Q_2, 소비자 가격과 생산자 가격의 차이인 세금액을 T_d라 하자. 동일한 종량세를 생산자와 소비자에게 부과하는 경우에 거래량은 동일하고 세금액도 동일했지만, 비율세의 경우에 Q_1과 Q_2는 같을 수도 있지만 다를 수도 있으며, 마찬가지로 세금액인 T_s와 T_d도 같을 수도, 다를 수도 있다. 기본적인 이유는 가격에 비율인 k를 곱하기 때문에 A와 B에서의 수직 거리가 서로 다를 수 있기 때문이다.

10. 1) 장기에 한계비용은 10이고, 생산자에게 2의 종량세를 부과하면 장기 한계비용은 12로 증가하고 12에서의 수평선이 장기 공급곡선이 된다. 장기 균형은 점 x에서 y로 이동한다.

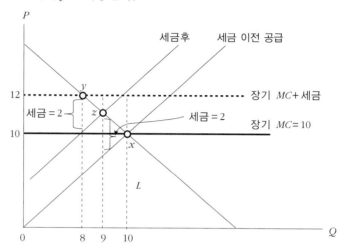

장기 균형 가격은 10에서 12로 상승, 거래량은 10에서 8로 감소한다(이 문제는 소비자에게 2의 종량세를 부과해도 장기 균형은 동일하다). 가격 인상분 2에 대해서 생산자가 부담하는 것은 없고, 전액 소비자가 부담한다. 장기 생산이 CRS인 경우의 특징이다. 가격 12에서 $CS = 32$, $PS = 0$, $SW = 32$이다. 정부의 조세수입은 16이며, 사중손실은 2이다.

2) 문제 8은 단기에 종량세 2를 생산자에게 부과한다. 단기 균형은 점 x에서 z로 이동한다. (단기)공급곡선이 2만큼 위로 이동하여 위 그림처럼 세금후 공급곡선과 세금 이전 공급곡선이 2만큼 차이가 있다. 이 경우에 2의 세금을 소비자와 생산자가 1씩 부담하는데 비해서, 장기에는 소비자가 2의 세금을 모두 부담한다. 이는 장기 공급곡선이 수평선이기 때문이다. 위 1)의 후생과 문제 8의 2)의 후생을 비교하면, 장기에 소비자잉여가 더 많이 감소했다.

11. 1) $MC = 3Q^2 - 4Q + 2$. $AC = Q^2 - 2Q + 2 + 8/Q$. $AVC = Q^2 - 2Q + 2$. AVC 최저점 구하기: $\dfrac{dAVC}{dQ} = 2Q - 2 = 0$에서 AVC 최저 생산량은 $Q_v = 1$이므로, AVC 최저값은 $AVC_v = 1$. 단기 개별 기업 공급함수는 $P = MC(Q)$를 전환한 함수로서 $Q = S(P)$의 형태이나 추가적으로 다음의 조건을 충족해야 한다. 고정비용($= F = 8$)이 모두 매몰비용이라 가정하자. 어떤 가격에서 생산하여 손실($= PQ - V(Q) - F < 0$)이 발생했다고 하자. 생산을 중단하면 기업은 고정비용($=$매몰비용)의 손실($= -F$)을 본다. 만약에 $PQ - V(Q) - F > -F$라면, 생산

을 하여 손실이 생산을 안 하여 얻는 손실보다 더 작으므로 생산을 하는 것이 더 나은 선택이다. $P \geq \dfrac{V(Q)}{Q}$이라면, 즉, 가격이 평균가변비용(AVC)보다 더 크다면 생산을 한다. 그 반대이면($P \leq AVC$) 생산하지 않는다. $P = AVC$이라면 생산하는 것과 생산을 중단하는 것은 무차별하며 이 점을 생산중단점(또는 조업중단점)이라 하며 AVC 최저점($Q_v = 1$에서 $AVC_v = 1$인 V점)을 말한다. 공급함수는 다음과 같다: $P \geq AVC_v = 1$인 경우에 $Q = \dfrac{2 + \sqrt{3P-2}}{3}$, $P \leq 1$인 경우에 $Q = 0$.

$$Q = \begin{cases} \dfrac{2 + \sqrt{3P-2}}{3} & \text{for } P \geq 1 \\[2mm] 0 & \text{for } P \leq 1 \end{cases}$$

(개별 기업은 $P = 1$인 경우에 $Q = \dfrac{2 + \sqrt{3P-2}}{3} = 1$을 생산하는 것과 생산 안 하는 것($Q = 0$)에 대해서 무차별하다.)

아래 그림에서 AVC 곡선은 U자 모양으로 Y축 절편은 2이고 최저점은 점 $V(Q_v = 1$에서 $AVC_v = 1)$. MC곡선은 AVC곡선과 같이 Y축 절편 2에서 출발하는 U자 모양으로 $Q_m = 2/3$에서 MC 최저값은 2/3. MC곡선은 AVC 최저점을 관통하여 우상향. 개별 기업 공급곡선은 점 V 위에 있는 MC구간(즉, $Q = \dfrac{2 + \sqrt{3P-2}}{3}$ for $P \geq 1$, 점선)과 Y축 1 아래의 수직선(즉, $Q = 0$ for $P \leq 1$, 점선)의 두 구간으로 나타냄.

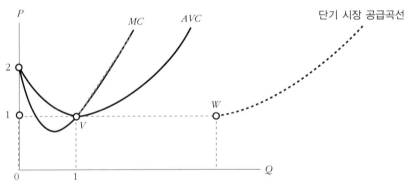

2) 시장 공급량을 $Q^T = 100Q$라 하면 단기 시장 공급함수는 다음과 같다:

$$Q = \begin{cases} \dfrac{100(2 + \sqrt{3P-2})}{3} & \text{for } P \geq 1 \\[2mm] 0 & \text{for } P \leq 1 \end{cases}$$

단기 시장 공급 곡선은 W점($P = 1$에서 $Q = 100$)에서 $Q = \dfrac{100(2 + \sqrt{3P-2})}{3}$의 곡선과 Y축의 1 아래의 수직선으로 구성됨. W점 위의 단기 시장 공급 곡선은 개별 기업의 MC곡선을 100배한 곡선임. 단기 시장 공급 곡선은 단기 개별 기업 공급 곡선보다 더 완만함.

12. 1) $MC=Q+1$. $AC=\dfrac{Q}{2}+1+\dfrac{2}{Q}$. $AVC=\dfrac{Q}{2}+1$. $Q_v=0$에서 AVC 최저는 $AVC_v=1$. 고정비용($=2$)이 모두 매몰비용 가정하면, 단기 개별 기업 공급함수는 다음과 같다:

$$Q=\begin{pmatrix}-1+P\ for\ P\geq 1\\[4pt]0\ for\ P\leq 1\end{pmatrix}$$

2) 시장 공급량을 $Q^T=100Q$라 하면 단기 시장 공급함수는 다음과 같다:

$$Q^T=\begin{pmatrix}100(-1+P)\ for\ P\geq 1\\[4pt]0\ for\ P\leq 1\end{pmatrix}$$

공급곡선은 각자 그려볼 것.

13. 1) 시장균형은 수요와 공급곡선이 교차하는 점 E에서 발생. 균형 수량(Q_e)은 $P^D=P^S \rightarrow a-bQ_e=cQ_e$에서 $Q_e=\dfrac{a}{b+c}$. 이를 수요 또는 공급에 대입하면 균형 가격은 $P_e=\dfrac{ac}{b+c}$. 소비자잉여는 $CS=\displaystyle\int_{Q=0}^{Q=Q_e}(a-bQ)dQ-P_eQ_e=\left[a\left(\dfrac{a}{b+c}-0\right)-\dfrac{b}{2}\left(\dfrac{a}{b+c}\right)^2\right]-\dfrac{ac}{b+c}\dfrac{a}{b+c}=\dfrac{a^2b}{2(b+c)^2}$. 이는 그림에서 $x+y+z$의 넓이. 생산자잉여는 $PS=P_eQ_e-\displaystyle\int_{Q=0}^{Q=Q_e}cQdQ=\dfrac{ac}{b+c}\dfrac{a}{b+c}-\dfrac{c}{2}\left[\left(\dfrac{a}{b+c}\right)^2-0\right]=\dfrac{a^2c}{2(b+c)^2}$. 이는 그림에서 $u+v+w$의 넓이.

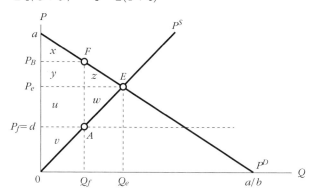

2) 최고가격(P_f)은 그림처럼 자유시장 균형 가격(P_e)보다 낮은 수준$\left(P_f=d<P_e=\dfrac{ac}{b+c}\right)$보다 낮은 수준에서 설정. 이 제도에서 공급은 점 A에서 발생하므로 $d=cQ_f$에서 시장 거래량은 $Q_f=d/c$. 앞에서 $d<\dfrac{ac}{b+c}$라 했으므로 $Q_f<Q_e$임. 소비자잉여는 자유시장에서보다 소비량 감소로 z만큼 감소하는 동시에 가격 하락으로 u만큼 증가함. 소비자잉여 변화는 $u-z=\dfrac{(ac-bd-cd)(d(b+c)(b+2c)-abc)}{2c^2(b+c)^2}$. 여기서 $Q_f<Q_e$이므로 $ac-bd-cd>0$임. 만약 $d>\dfrac{abc}{(b+c)(b+2c)}$이면 소비자잉여는 증가하고, 그 반대이면

소비자잉여는 감소. 생산자잉여는 $u+w=\dfrac{(ac+d(b+c))(ac-d(b+c))}{2c(b+c)^2}$ 만큼 감소함. 소비자잉여와 생산자잉여 변화를 합하면 사회후생의 변화를 알 수 있음. 사회후생은 $w+z$만큼 감소. $w+z=\dfrac{1}{2}(P_B-d)\left(\dfrac{a}{b+c}-\dfrac{d}{c}\right)$ $=\dfrac{(ac-d(b+c))^2}{2c^2(b+c)}$. 여기서 P_B는 암시장 가격으로 $P_B=a-b\dfrac{d}{c}$이며 아래에서 설명.

3) 최저가격제에서 $Q_f=d/c$를 암판매상이 판매하는 상황. 시장에서 이 수량을 구매하므로 소비자들이 지불의향은 수요곡선상의 F이므로 암시장 가격은 $P_B=a-b\dfrac{d}{c}$. 암판매상은 단위당 $P_f=d$에 구매하여 P_B에 판매하므로 잉여(암판매상 이윤)는 $P_B dAF=\dfrac{(ac-d(b+c))d}{c^2}$.

14. 1) 왼쪽에 개별 기업의 LAC, SMC, P, q 등을, 오른쪽에 시장 수요와 시장공급 표시함. 왼쪽 그림에서 개별 기업의 단기 한계비용함수는 $SMC=\dfrac{2}{3}q-10$. 단기 평균비용함수는 $SAC=\dfrac{q}{3}-10+\dfrac{300}{q}$. 장기 평균비용($LAC$)는 U자 모양으로 최저점을 T라 하자. T에서 최저값이 10이므로 장기에 시장가격은 $P=10$, 개별 기업 생산량은 $P=10=SMC=\dfrac{2}{3}q-10$에서 $q=30$으로 T에서 장기와 단기 균형. 오른쪽 그림에서 단기 시장 균형은 점 V에 있음. $P=10$에서 시장 수요량은 $Q=4{,}000-100\times10=3{,}000$. 개별 기업은 30단위 생산하므로 시장에는 $100(=3{,}000/100)$개의 기업이 경쟁하는 중. 점 V를 지나는 시장공급곡선을 표시함. (이 함수를 도출할 수 있음).

2) 오른쪽 그림에서 수요 증가는 단기적으로 시장가격을 K로 상승. 오른쪽 그림에서 개별 기업은 $P_K=SMC$인 q_k로 생산 증가하고 단위당 ab의 양의 이윤 얻음. 기존의 개별 기업은 요소 투입 증가하고 또한 신규기업이 진입하여 시장 공급곡선은 $S1$에서 $S2$로 우측으로 이동함. 이 과정에서 요소시장의 변화를 초래하나 요소가격은 변하지 않는다고 가정하였으므로 장기 평균비용의 최저점은 T에서 10을 유지함. 따라서 새로운 균형 가격은 P_K에서 하락하여 10으로 복귀함. 시장에서 균형은 $V \to K \to J$로 이동하여 장기 시장공급곡선은 VJ를 연결한 수평선. 시장거래량(점 J)은 다음과 같이 얻을 수 있음: $Q=5{,}500-100\times10=4{,}500$. 개별 기업 단기 비용함수의 변화가 특정되지 않으므로 신규기업의 진입에 의해서만 시장 거래량이 증가했다고 가정하자. 개별 기업의 생산량은 30으로 유지된다고 볼 수 있으므로 새로운 수요에서 기업 수는 $150(=4{,}500/30)$개가 됨.

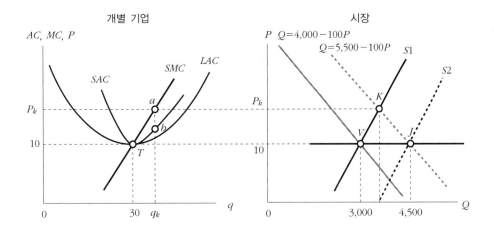

독점시장이론

1. D와 P함수는 역함수 관계이므로, $D'(P) = \dfrac{1}{P'(Q)}$이다.

1) $\pi = PD(P) - C(D(P))$

이윤극대화 가격을 P_m이라 하면 다음을 만족한다.

$$\frac{d\pi}{dP} = D(P_m) + P_m D'(P_m) - C' D'(P_m) = 0 \quad\cdots\cdots\cdots\cdots\cdots\text{식 1}$$

생산량은 이윤극대화 가격을 수요함수에 대입하여 얻는다: $Q_m = D(P_m)$.

2) $\pi = QP(Q) - C(Q)$

이윤극대화 가격을 Q_m이라 하면 다음을 만족한다.

$$\frac{d\pi}{dQ} = P(Q_m) + Q_m P'(Q_m) - C'(Q_m) = 0 \quad\cdots\cdots\cdots\cdots\cdots\text{식 2}$$

여기서 구한 Q_m을 역수요함수에 대입하면 다음과 같이 독점 가격(P_m)을 얻는다: $P_m = P(Q_m)$.

3) 식 1을 다음과 같이 전환 가능: $D'(P_m)\left\{ \dfrac{D(P_m)}{D'(P_m)} + P_m - C'(D(P_m)) \right\}$

$$= D'(P_m)\{Q_m P'(Q_m) + P(Q_m) - C'(Q_m)\} = 0 \quad\cdots\cdots\cdots\cdots\cdots\text{식 3}$$

식 3에서 $D'(P_m) \neq 0$이므로 중괄호{ }는 식 2와 같다. 따라서 식 1과 식 2는 동일하므로 해도 동일하다.

4) 식 1에서 $P_m - C' = -\dfrac{D(P_m)}{D'(P_m)}$이고 양변을 P_m으로 나누면 다음과 같이 러너지수가 도출된다: $\dfrac{P_m - C'}{P_m} = -\dfrac{D(P_m)}{D'(P_m)P_m} = \dfrac{1}{\varepsilon}$. 식 2를 이용한 러너지수는 본문을 참조한다.

2. 러너지수에서 $\varepsilon = 3$을 대입하면, $\dfrac{P_m - MC}{P_m} = \dfrac{1}{3}$. 따라서 $P_m = 1.5MC$. 독점가격은 한계비용의 1.5배이다. $\varepsilon = 4$인 경우에, $P_m = \dfrac{4}{3}MC$이다.

3. $P = 10 - \dfrac{Q}{10}$

$\pi = \left(10 - \dfrac{Q}{10}\right)Q - \dfrac{Q^2}{2}$

이윤극대화 생산량 Q_m은 다음 1차조건을 만족한다.

$\dfrac{d\pi}{dQ} = 10 - \dfrac{Q_m}{5} - Q_m = 0.$

따라서 $Q_m = \dfrac{25}{3}$; $P_m = 10 - \dfrac{25}{30} = \dfrac{55}{6}$; $\varepsilon = -\dfrac{dQ}{dP}\dfrac{P}{Q} = -(-10)\dfrac{55/6}{25/3} = 11.$

사중손실은 아래 그림에서 abc 면적이며, 125/396이다. 여기서 점 b의 높이는 MR이나 MC에 $Q_m = \dfrac{25}{3}$를 대입하여 얻고, 점 c에서 수량은 $P = 10 - \dfrac{Q}{10} = MC = Q$에서 해$(Q = 9.09)$를 구한다.

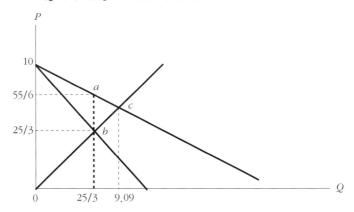

4. 1) 사회후생(W)은 소비자잉여와 생산자잉여의 합이다: $W = Max_P(\int_P^\infty z^{-a} dz + (P-c)P^{-a})$. W를 극대화하는 가격은 $P = c$이므로 극대화된 사회후생은 $W^c = \int_c^\infty z^{-a}dz = \dfrac{c^{1-a}}{a-1}$ (여기서 $a > 1$).

2) 이윤극대화 독점가격은 러너지수에서 얻을 수 있으므로 $P_m = \dfrac{c}{1 - \dfrac{1}{a}}$ 이다. 참고로, 독점이윤은 $\Pi^m = (P_m - c)Q_m = \dfrac{c^{1-a}}{a-1}\left(\dfrac{a}{a-1}\right)^{-a}$.

3) 독점기업의 이윤극대화에 따른 사회후생은 다음과 같다.

$W^m = \left(\dfrac{c^{1-a}}{a-1}\right)\left(\dfrac{2a-1}{a-1}\right)\left(\dfrac{a}{a-1}\right)^{-a}$.

독점기업에 의한 사회후생 손실은 $L = W^c - W^m = \left(\dfrac{c^{1-a}}{a-1}\right)\left(1 - \left(\dfrac{2a-1}{a-1}\right)\left(\dfrac{a}{a-1}\right)^{-a}\right) > 0$이다.

5. 독점가격을 P, 세금을 t라 하면, 소비자가격은 $P + t$; 독점이윤 함수는 다음과 같이 표현한다.

$\pi = PD(P+t) - C(D(P+t))$

이윤극대화 가격은 다음의 1차조건을 만족한다.

$$\frac{d\pi}{dP} = D(P+t) + D'(P+t)(P-C')$$
$$= D(P+t) - tD'(P+t) + D'(P+t)(P+t-C') = 0. \quad \cdots\cdots\cdots\cdots \text{식 a}$$

사회후생 극대화에서 소비자가격은 한계비용과 같으므로 $P+t=C'$이고, 이를 식 a에 대입하면 $t^* = \frac{D(P+t)}{D'(P+t)} < 0$이다. 즉, 세금은 마이너스로서 보조금을 지급해야 한다. 독점기업의 이윤극대화 생산량은 사회후생 극대화 생산량보다 과소 생산한다. 효율성을 달성하기 위해서는 더 생산하도록 해야 하며, 보조금을 지급한다면 효율성을 달성하는 생산량을 생산한다. 이는 이론적으로 맞는 말인지 몰라도, 독점기업에 보조금을 지급한다는 것은 사회적 통념에 어긋날 수 있다. 그럼에도, 현실적으로 독점이 공급하는 공공재나 공익 서비스 등에는 사회적 효율성을 위해서 보조금이 지급되고 있다.

6. 공급곡선이란 가격 변화에 따른 공급량 변화를 나타낸다. 독점시장에서 균형은 가격과 공급량이 하나로 정해지므로, 공급곡선이 존재하지 않는다. 대신에 공급점(P_m, Q_m)만이 존재한다.

7. 독점기업 전체의 한계비용은 1공장과 2공장의 한계비용 함수를 이용하여 수평합을 구한다.
1공장 한계비용함수는 $Q_1 = MC$, 2공장의 한계비용함수는 $Q_2 = \frac{MC}{2}$로 전환한다. 수평합은 $Q = Q_1 + Q_2 = MC + \frac{MC}{2} = \frac{3}{2}MC$이므로 독점 전체의 한계비용은 $MC = \frac{2}{3}Q$이다. 이윤극대화 생산량은 $MR = MC$이므로 이는 $100 - 2Q = \frac{2}{3}Q$에서 $Q_m = 37.5$이고, $MR = 100 - 2(37.5) = 25$이다. 각 공장의 생산량은 $MR = MC_1$과 $MR = MC_2$에서 각각 25와 12.5이다.

8. 1) c는 2기의 한계비용 함수에서 보듯이 제1기의 생산량이 증가함에 따라서 제2기의 한계비용이 얼마나 변하는지 보여주는 것으로, $\frac{\partial C_2}{\partial Q_1} = -c < 0$는 학습효과를 나타낸다. 이는 제1기에 생산을 많이 하면, 제2기의 한계비용이 하락하는 효과이다.

2) 독점의 이윤함수는 다음과 같다.

$$\pi = (a - bQ_1)Q_1 - C_1Q_1 + \delta\{(a-bQ_2)Q_2 - C_2Q_2\}, \text{ 여기서 } C_2 = C_1 - cQ_1$$

제1기 최적 생산량: $\frac{\partial \pi}{\partial Q_1} = a - 2bQ_1 - C_1 + \delta cQ_2 = 0 \quad \cdots\cdots\cdots\cdots \text{식 1}$

제2기 최적 생산량: $\dfrac{\partial \pi}{\partial Q_2} = a - 2bQ_2 - C_2 = 0$ ················· 식 2

식 2에서 보듯이 제2기의 생산량은 $MR_2 = MC_2 = C_2$에서 생산하지만, 제1기의 생산량은 $MR_1 = C_1 - \delta c Q_2 < C_1$에서 생산하므로, 학습효과가 있는 경우에 독점의 제1기 생산량은 학습효과가 없는 경우에 비해서 더 많이 생산하고 제1기 가격은 낮다. 즉, 학습효과가 있는 경우에, 독점기업은 제1기에 더 많이 생산하여 가격을 낮추고 제2기에 한계비용을 낮추어서 총 이윤을 더 증가시킨다.

식 1과 식 2를 동시에 풀면 제1기와 제2기의 생산량을 구할 수 있다; $Q_1^l = \dfrac{(a-C_1)(2b+\delta c)}{4b^2 - \delta c^2}$, $Q_2^l = \dfrac{(a-C_1)(2b+c)}{4b^2 - \delta c^2}$; 각각의 생산량을 각 수요함수에 대입하여 제1기와 제2기의 가격을 구할 수 있다:

$P_1^l = \dfrac{2b^2(a+C_1) - \delta c(ac + b(a-C_1))}{4b^2 - \delta c^2}$, $P_2^l = \dfrac{2b^2(a+C_1) - c(a\delta c + b(a-C_1))}{4b^2 - \delta c^2}$;

* 학습효과가 없는 경우에 $c=0$이므로 각 기간의 이윤극대화 생산량은 각각 $Q_1^* = Q_2^* = \dfrac{a-C_1}{2b}$, 가격은 $P_1^* = P_2^* = \dfrac{a+C_1}{2}$이다. 학습효과 있는 경우와 없는 경우를 비교하면, $Q_i^l > Q_i^*$이고 $P_i^l < P_i^*$임을 확인할 수 있다.

3) 사회계획가의 사회후생은 다음과 같다.

$$W = \int_0^{Q_1} P_1(x)dx - C_1 Q_1 + \delta\left\{\int_0^{Q_2} P_2(x)dx - C_2 Q_2\right\}$$

제1기의 사회후생 극대화 생산량 조건은 $\dfrac{\partial W}{\partial Q_1} = 0 \rightarrow a - bQ_1 + \delta c Q_2 = C_1$이고, 제2기의 조건은 $\dfrac{\partial W}{\partial Q_2} = 0 \rightarrow a - bQ_2 = C_1 - cQ_1$이다. 이 두 식을 동시에 풀면 후생극대화 생산량은 각각 $Q_1^W = \dfrac{(a-C_1)(b+\delta c)}{b^2 - \delta c^2}$, $Q_2^W = \dfrac{(a-C_1)(b+c)}{b^2 - \delta c^2}$이다. 가격은 각자 구해 보기 바란다.

4) 단순한 계산에 따르면 사회후생 극대화 생산량이 독점기업의 이윤극대화 생산량보다 더 크다는 것을 알 수 있다: $Q_i^W > Q_i^l$

9. 1) 임대는 매 기간 독점기업의 독점력을 행사하는 이윤극대화와 동일하다. $t(=1, 2)$기의 이윤극대화는 $MR_t = 100 - 2Q_t = MC = 10$에서 달성되므로 각 기간의 임대 물량은 $Q_t = 45$, 가격은 $P_t = 55$, 이윤은 $\pi_t = 2{,}025$이다. 임대 시 두 기간의 가격의 현재가치는 $P^r = 55(1+\delta)$이고, 이윤의 현재가치는 $\pi^r = 2{,}025(1+\delta)$이다.

2) 제1기 생산량은 제1기 이윤극대화에 따라서 $Q_1^c = 45$이다. 제1기에만 판매하고, 소비는 두 기간 소비하므로 제1기에 판매 시 가격은 현재가치화 해야 하므로 $P_1^c = 55(1+\delta)$이고, 이윤은 $\pi_1^c = 2{,}025(1+\delta)$이다. 여기서 비록 제2

기 (물리적) 생산량 자체는 없지만 제1기 생산량을 제1기와 제2기에 소비한다. 위 1)에서 매기 임대하는 수량(임대 서비스)과 2)에서 매기 소비하는 내구재 서비스 수량은 동일하다.

3) 제1기에 내구재를 구매한 소비자는 제2기에 구매하지 않는다. 또한 제1기에 구매하지 않은 합리적인 소비자는 독점기업이 제2기 수요가 제1기 수요보다 적으므로 가격을 내릴 수밖에 없다는 것을 알고 있으므로 제1기 구매자는 예상보다(원래의 수요보다) 더 적게 되어 제1기의 가격도 내려가게 된다. 이는 독점기업의 이윤을 저하시키고, 시장지배력을 약화시킨다. 이 사실을 알고 있는 내구재 판매 독점기업은 제1기와 제2기의 한계소비자를 정확히 예측하여 제1기와 제2기의 가격과 생산량을 결정하여 이윤극대화를 달성하고 시장지배력을 유지할 수 있다.

4) 역행귀납법에 의해서 제2기 해를 먼저 구한다. 제1기에 Q_1이 판매되었다고 하면, 제2기의 수요(Q_2^s)는 다음과 같다: $Q_2^s \equiv Q_2 - Q_1 = (100 - P_2) - Q_1$.

제2기의 역수요함수는 다음과 같다: $P_2 = 100 - Q_2^s - Q_1$.

제2기의 한계수입은 다음과 같다: $MR_2 = 100 - 2Q_2^s - Q_1$.

제2기의 이윤극대화 생산량은 $MR_2 = MC = 10$에서 Q_1의 함수로 표시한다: $Q_2^s = 45 - \dfrac{Q_1}{2}$. 이에 따른 제2기의 가격은 $P_2 = 100 - \left(45 - \dfrac{Q_1}{2}\right) - Q_1 = 55 - \dfrac{Q_1}{2}$이다. 이에 따라 제2기의 이윤은 $\pi_2 = \left(45 - \dfrac{Q_1}{2}\right)^2$이다.

이제 제1기로 돌아가면, 제1기에 부과할 가격은 제1기에 얻을 가치($=100 - Q_1$)와 제2기에 받을 가격의 현재가치의 합이다. 즉,

$$P_1 = 100 - Q_1 + \delta\left(55 - \dfrac{Q_1}{2}\right) = (100 + 55\delta) - \dfrac{Q_1}{2}(2 + \delta)$$

제1기의 현재가치화 이윤은 제1기 이윤($= P_1 Q_1 - 10Q_1$)과 제2기 이윤을 현재가치화 한 것이다.

$$\pi_1 = \left\{(100 + 55\delta) - \dfrac{Q_1}{2}(2 + \delta)\right\}Q_1 - 10Q_1 + \delta\left(45 - \dfrac{Q_1}{2}\right)^2$$

제1기 이윤극대화 조건식 $\dfrac{d\pi_1}{dQ_1} = 20(9 + \delta) - (4 + \delta)Q_1 = 0$에서 제1기 생산량은 $Q_1^* = \dfrac{20(9 + \delta)}{4 + \delta}$이고 이를 제1기 가격과 이윤에 대입하면 $P_1^* = \dfrac{5}{4 + \delta}(44 + 42\delta + 9\delta^2)$과 $\pi_1^* = \dfrac{25}{(4 + \delta)^2}(4(9 + \delta)(36 + 40\delta + 9\delta^2) + \delta(18 + 7\delta)^2)$이다. 제1기 생산량을 제2기 생산량, 가격, 이윤에 대입하면 다음과 같이 제2기 최종 균형을 얻는다:

$$Q_2^* = \dfrac{5(18 + 7\delta)}{4 + \delta}, \quad P_2^* = \dfrac{5}{4 + \delta}(26 + 9\delta), \quad \pi_2^* = \dfrac{25}{(4 + \delta)^2}(18 + 7\delta)^2.$$

10. 그림을 이용하여 설명한다.

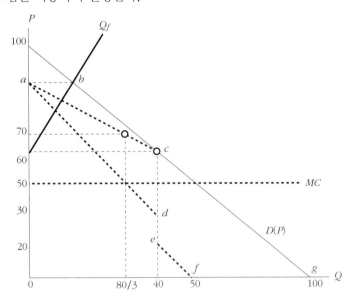

1) 지배적 기업이 직면하는 수요는 굴절수요로서, 시장수요($Q=100-P$)에서 주변기업의 공급곡선($Q_f=-20+\frac{P}{3}$)을 뺀 잔여수요인 ac와 원래 구간인 cg를 연결한 acg구간이다. 잔여수요 함수는 $Q_R=120-\frac{4}{3}P$이고 이의 역수요 함수는 $P=90-\frac{3}{4}Q$이다. 잔여수요에 대한 한계수입 함수는 $MR_R=90-\frac{3}{2}Q$이며 ad구간이다. 지배적 기업의 이윤극대화는 $MR_R=90-\frac{3}{2}Q=MC=50$에서 $Q_L=\frac{80}{3}$이고, 이를 잔여수요에 대입하면 $P_L=70$이다(그림에 표시됨).

2) 주변기업의 생산량은 $P_L=70$과 주변기업의 공급곡선이 교차하는 점에서 얻는다. 주변기업의 공급곡선은 $P=60+3Q_f$로 전환하여 $P_L=70$을 대입하면, $Q_f=\frac{10}{3}$이다.

3) 지배적 기업의 한계비용이 15이면, 원래 시장수요곡선의 한계수입 구간인 ef에서 이윤극대화가 발생한다. 이 구간에서 $MR=100-2Q$이므로 이윤극대화 생산량은 $Q=42.5$이고 시장가격은 57.5가 된다. 이 가격은 주변기업의 조업중지점 아래에 있으므로 주변기업은 퇴출한다.

11. 1) 독점기업 이윤 $\pi_m=P_xQ_x-10Q_x+P_yQ_y-10Q_y$

$$=(P_x-10)(100-2P_x+P_y)+(P_y-10)(100+P_x-2P_y)$$

이윤극대화 1차조건: $\frac{\partial \pi_m}{\partial P_x}=110-4P_x+2P_y=0$; $\frac{\partial \pi_m}{\partial P_y}=110+2P_x-4P_y=0$.

위 조건식으로부터 해는 다음과 같다:

$P_x^m=P_y^m=55$; $Q_x^m=Q_y^m=45$; $\pi_m=4,050$.

2) X재 대리점과 Y재 대리점의 이윤:

$\pi_x = (P_x - 10)(100 - 2P_x + P_y)$; $\pi_y = (P_y - 10)(100 + P_x - 2P_y)$.

각 대리점 이윤극대화 1차조건:

$\dfrac{\partial \pi_x}{\partial P_x} = 120 - 4P_x + P_y = 0$; $\dfrac{\partial \pi_y}{\partial P_y} = 120 + P_x - 4P_y = 0$.

두 대리점의 이윤극대화 1차조건식으로부터 다음의 해를 얻는다:

$P_x^s = P_y^s = 40$; $Q_x^s = Q_y^s = 60$; $\pi_x^s = \pi_y^s = 1800$.

설명: 대체재를 판매하는 두 대리점이 독립적으로 행동하는 경우, 자신의 가격을 낮추고 상대방 수요를 감소시켜서 더 많이 판매하려 함. 이러한 행동으로 두 대리점의 가격은 독점기업의 가격보다 더 낮음($P_i^s < P_i^m$, $i = x, y$). 대리점의 이윤의 합은 독점 이윤보다 낮음. 독점기업이 대리점에 대한 통제가 강하다면 대리점의 가격을 올리도록 할 것임.

12. 1) 독점기업 이윤 $\pi_m = P_x Q_x - 10 Q_x + P_y Q_y - 10 Q_y$

$\qquad\qquad\qquad = (P_x - 10)(100 - 2P_x - P_y) + (P_y - 10)(100 - P_x - 2P_y)$

이윤극대화 1차조건: $\dfrac{\partial \pi_m}{\partial P_x} = 130 - 4P_x - 2P_y = 0$; $\dfrac{\partial \pi_m}{\partial P_y} = 130 - 2P_x - 4P_y = 0$.

위 조건식으로부터 해는 다음과 같음:

$P_x^m = P_y^m = 65/3$; $Q_x^m = Q_y^m = 35$; $\pi_m = 2,450/3$.

2) X재 대리점과 Y재 대리점의 이윤:

$\pi_x = (P_x - 10)(100 - 2P_x - P_y)$; $\pi_y = (P_y - 10)(100 - P_x - 2P_y)$.

각 대리점 이윤극대화 1차조건:

$\dfrac{\partial \pi_x}{\partial P_x} = 120 - 4P_x - P_y = 0$; $\dfrac{\partial \pi_y}{\partial P_y} = 120 - P_x - 4P_y = 0$.

위 조건식으로부터 해는 다음과 같다:

$P_x^C = P_y^C = 24$; $Q_x^C = Q_y^C = 28$; $\pi_x^C = \pi_y^C = 392$.

설명: 보완재를 판매하는 두 대리점이 독립적으로 행동하는 경우, 상대방이 많이 판매하면 보완재인 자신의 제품도 많이 팔리므로 자신의 가격을 높게 설정. 이러한 행동으로 두 대리점의 가격은 독점기업의 가격보다 더 높음($P_i^c > P_i^m$, $i = x, y$). 대리점의 이윤의 합은 독점 이윤보다 낮음. 독점기업이 대리점에 대한 통제가 강하다면 대리점의 가격을 내리도록 할 것임.

독점기업과 제품 공간

1. 1) $S=1$에서 수요함수는 $P=10-Q$이다. $S=2$에서 수요는 $P=2(10-Q)$이다.

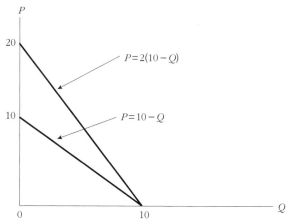

2) $\pi=\left(10-\dfrac{P}{S}\right)P-100CS^2+10CSP$이므로 이윤극대화는 다음의 두 일차조건을 만족하는 P_m과 S_m이다.

$$\frac{\partial \pi}{\partial P}=10-\frac{2P}{S}+10CS=0,$$
$$\frac{\partial \pi}{\partial S}=\frac{P^2}{S^2}-200CS+10CP=0.$$

두 식을 연립으로 해를 구한다. 두 개의 해가 나오나 이 중에서 하나만 의미 있으며, 다음과 같다:

$$P_m=\frac{20}{9C}, \ S_m=\frac{1}{3C}, \ Q_m=\frac{10}{3}$$

3) 사회후생: $W=\displaystyle\int_0^Q P(x,S)dx-C(Q,S)=\int_0^Q (10-x)Sdx-10CS^2Q$; 사회계획가의 후생극대화 조건은 아래와 같다.

$$\frac{\partial W}{\partial Q} = (10-Q)S - 10CS^2 = 0,$$

$$\frac{\partial W}{\partial S} = \int_0^Q (10-x)dx - 20CSQ = 10Q - \frac{Q^2}{2} - 20CSQ = 0. \quad \cdots\cdots\cdots\cdots \text{식 A}$$

두 식을 연립으로 해를 구한다. 사회계획가의 후생극대화 가격, 품질수준, 생산량은 다음과 같다:

$$P_w = \frac{10}{9C}, \ S_w = \frac{1}{3C}, \ Q_w = \frac{20}{3},$$

4) 독점기업의 생산량에서 독점이 공급하는 품질수준은 사회계획가의 품질수준보다 낮다(독점의 품질의 과소공급). $(S_m < S_{wm})$. 여기서 $S_{wm} = \frac{5}{12C}$은 $Q_m = \frac{10}{3}$을 식 A에 대입하여 얻는다.

5) 위의 해와 [그림 5-2]를 참조하여 각자가 그려보기 바란다.

2. 역수요함수 $P = 1 - \frac{Q}{S}$; 수요함수 $Q = (1-P)S$이다. 29페이지 답 1의 2)를 적용하면 독점기업 이윤은 $\pi = P(1-P)S - 10CS^3(1-P)$. 가격과 품질에 대한 이윤극대화 1차 조건식은 $\frac{\partial \pi}{\partial P} = (1-2P)S + 10CS^3 = 0$; $\frac{\partial \pi}{\partial S} = P(1-P) - 30CS^2(1-P) = 0$. 이윤극대화 품질수준은 $S_m = \frac{2}{5\sqrt{2C}}$, 가격은 $P_m = \frac{3}{5}$, 생산량은 $Q_m = \frac{2}{25\sqrt{2C}}$이다.

사회계획가의 사회후생 함수는 $W = \int_0^Q (1 - \frac{x}{S})dx - 10CS^2Q$이다. 후생극대화 1차조건식은 다음과 같다; $\frac{\partial W}{\partial Q} = 1 - \frac{Q}{S} - 10CS^2 = 0$; $\frac{\partial W}{\partial S} = \frac{Q^2}{2S^2} - 20CSQ = 0$(후자를 식 B). 사회계획가의 품질수준, 가격, 생산량은 $S_w = \frac{1}{5\sqrt{2C}}$, $P_w = \frac{1}{5}$, $Q_w = \frac{4}{25\sqrt{2C}}$이다. 독점기업의 생산량($Q_m = \frac{2}{25\sqrt{2C}}$)에서 측정한 사회계획가의 품질수준은 $S_{wm} = \frac{1}{250^{1/3}\sqrt{2C}}$이다. 이는 $Q_m = \frac{2}{25\sqrt{2C}}$를 식 B에 대입하여 얻는다. 다음의 결론을 얻을 수 있다: 독점기업의 품질수준($S_m = \frac{2}{25\sqrt{2C}}$)은 (독점기업의 생산량에서 측정한) 사회계획가의 품질수준($S_{wm} = \frac{1}{250^{1/3}\sqrt{2C}}$)보다 더 높으므로 독점기업의 품질은 과잉공급된다: 즉, $S_m = \frac{1}{5\sqrt{2C}} > S_{wm} = \frac{1}{250^{1/3}\sqrt{2C}}$. (왜냐하면 $\frac{1}{5} > \frac{1}{250^{1/3}} = \frac{1}{6.3}$)

3. $P_2 - P_1 < t$인 경우만 분석한다. 한계소비자 $\hat{x}$은 x로 표시.

1) 한계소비자 x는 다음을 만족한다. $V - P_1 - tx = V - P_2 - t(1-x)$. 여기서 $x = D_1 = \frac{1}{2} + \frac{-P_1 + P_2}{2t}$이며, 이는 1상점의 수요이다. 2상점의 수요는 $1-x$로서 $1 - x = D_2 = \frac{1}{2} + \frac{P_1 - P_2}{2t}$이다.

2) $V - P_1 - tx^2 = V - P_2 - t(1-x)^2$에서 위의 해를 반복한다. $x = D_1 = \dfrac{1}{2} + \dfrac{-P_1 + P_2}{2t}$; $1 - x = D_2 = \dfrac{1}{2} + \dfrac{P_1 - P_2}{2t}$

3) $V - P_1 - tx = V - P_2 - 2t(1-x)$에서 위의 해를 반복한다. $x = D_1 = \dfrac{2}{3} + \dfrac{-P_1 + P_2}{3t}$; $1 - x = D_2 = \dfrac{1}{3} + \dfrac{+P_1 - P_2}{3t}$.

4. [그림 5-8]에서 $P_o = v - \dfrac{t}{2}$이고, $MR_o = v - t$이다.

$c < v - t$인 경우, 한계비용이 MR_o 아래이므로 AN의 수직선과 c가 만나는 점에서 N을 생산하고 가격은 P_o이다. $c > v - t$인 경우, 한계비용과 MR이 만나는 점인 $c = v - \dfrac{t}{N}Q$에서 이윤극대화 생산량을 구한다:

$$Q^* = \frac{(v-c)N}{t} \text{이고 } P^* = \frac{(v+c)}{2}.$$

5~7: 이 문제 대한 답은 제3절과 제4절을 요약하면 된다. 더 자세한 내용은 본문의 참고문헌을 살펴보기 바란다.

8. 1) 소비자 숫자는 N이라 하자. 1원당 고품질 지수가 1원당 저품질 지수보다 더 큰 경우($\dfrac{S_2}{P_2} \geq \dfrac{S_1}{P_1}$)에, 구매하는 소비자는 모두 고품질 제품을 선호한다: $(\theta S_2 - P_2) - (\theta S_1 - P_1) = P_2(\theta S_2 / P_2 - 1) - P_1(\theta S_1 / P_1 - 1) \geq (P_2 - P_1)(\theta S_1 / P_1 - 1) \geq 0$ (if $\theta S_1 \geq P_1$, 즉 모든 사람이 구매한다면). 따라서 고품질 제품 수요는 $D_2 = N(1 - F(\hat{\theta})) = N(1 - \dfrac{\dfrac{P_2}{S_2} - 10}{10}) = \dfrac{N(-P_2 + 20S_2)}{10S_2}$이다. 저품질 제품에 대한 수요는 영이다.

2) 고품질 제품과 저품질 제품에 무차별한 소비자를 $\tilde{\theta}$라 하면, $\tilde{\theta}S_2 - P_2 = \tilde{\theta}S_1 - P_1$이므로 $\tilde{\theta} = \dfrac{P_2 - P_1}{S_2 - S_1}$이다. 저품질 제품과 어떤 제품도 구매하지 않는 것에 무차별한 소비자를 $\overline{\theta}$라 하면, $\overline{\theta}S_1 - P_1 = 0$이므로 $\overline{\theta} = \dfrac{P_1}{S_1}$이다. ($\overline{\theta}$ 의 상첨자는 위쪽 괄호라 읽는다). 따라서 선호가 $\tilde{\theta}$보다 큰 소비자는 고품질 제품을 구매하고 수요는 $D_2 = N(1 - F(\tilde{\theta})) = N(1 - \dfrac{\dfrac{P_2 - P_1}{S_2 - S_1} - 10}{10}) = \dfrac{N(-P_2 + P_1 + 20(S_2 - S_1))}{10(S_2 - S_1)}$ 이다. 선호가 $\tilde{\theta}$보다 작고, $\overline{\theta}$ 보다 큰 소비자는 저품질 제품을 구매하고 수요는 $D_1 = N(F(\tilde{\theta}) - F(\overline{\theta})) = N(\dfrac{\dfrac{P_2 - P_1}{S_2 - S_1} - 10}{10} - \dfrac{\dfrac{P_1}{S_1} - 10}{10}) = N(\dfrac{-S_2 P_1 + S_1 P_2}{10(S_2 - S_1)S_1})$ 이다. 아무 제품도 구매하지 않는 소비자(수요)는 $D_o = NF(\overline{\theta}) = N(\dfrac{P_1 - 10S_1}{10S_1})$이다.

가격차별

1. 가격차별은 동일한 재화를 어떤 소비자에게는 높은 가격으로 다른 소비자에게는 낮은 가격으로 판매하는 행동이다. 완전경쟁시장에서 한 기업이 가격차별을 한다면, 소비자들은 높은 가격의 제품을 구매하지 않는다. 동질적인 제품을 판매하는 다른 기업으로부터 (낮은) 가격의 제품을 구매할 수 있기 때문이다. 따라서 높은 가격의 제품은 판매되지 않고 시장에는 한 가지 가격만이 존재하므로 가격차별이 성사되지 않는다.

2. 독점기업이 가격차별을 하고 재정(arbitrage)이 가능하다면, 제3자가 낮은 가격의 제품을 구매하여 높은 가격에 재판매하는 재정을 실행하여 그 차액을 이윤으로 얻을 수 있다. 따라서 시장에서 독점기업의 제품은 최종 소비자에게 높은 가격에만 판매되므로 가격차별이 성립되지 않는다. 여기서 재정이 가능하다는 것은 재판매를 막을 수 없다는 것과 같은 말이다. 따라서 재정이 가능하다면 제3자에 의한 재판매로 인하여 가격차별은 성공할 수 없다.

3. ① 서비스: 이성 친구에 대한 스마트폰 요금 할인, ② 보증: 신규 입주 아파트 하자 보증 수리, ③ 높은 거래비용: 산업용 전기는 가정용 전기보다 저렴하지만, 공급받은 산업용 전기를 가정용으로 전환하는 데 높은 거래비용이 소요, ④ 불순물 혼합 제품: 인터넷으로 다운로드 받는 소프트웨어 중에서 지정된 IP주소에만 다운로드가 되도록 제한, ⑤ 계약을 통한 재판매 금지: 대부분의 저작권 서적의 무단 복사 금지, ⑥ 정부규제: 전기 발전용으로 수입하는 발전기업의 가스원가는 한국가스공사의 가스 도입(수입) 원가보다 더 낮지만 발전기업에 대한 가정용 가스 판매 금지.

4. 이부가격제와 일차가격차별은 다르다. 정의한 바와 같이 이부가격제는 한 재

화를 구매하는데 단위당 가격과 함께 고정가격을 같이 지불해야 하는 두 가지 가격으로 구성되어 있다. 이동전화의 경우 매월 기본료와 사용료를 지불한다. 일차가격차별은 각 구매량에 대해서 서로 다른 가격을 지불하므로 이부가격제와 다르다. 일차가격차별에서 구매가격은 구매량에 따라 얻는 소비자의 지불의향으로서 단위당 가격이라기보다는 구매 수량에 대한 가치이다. 비록 일차가격차별과 이부가격제는 다르지만, 둘 다 효율성을 달성한다. 일차가격차별을 실행하는데 실제로 이부가격제를 활용하는 경우를 많이 발견할 수 있다.

5. 이 문제는 정부규제의 관점에서는 다른 해가 나올 수 있으나, 여기서는 단순히 각 주체의 최적 해를 구한다. 아래 그림은 소비자 한 명의 수요에 대해서 분석한다.

1) $P_c = c$, $Q_c = \dfrac{(a-c)}{b}N$, $PS = 0$, $CS = \dfrac{(a-c)^2}{2b}N$, $SW = \dfrac{(a-c)^2}{2b}N$.
   여기서 $\dfrac{(a-c)^2}{2b}$ 는 aP_ce의 면적

2) $P_m = \dfrac{(a+c)}{2}$, $Q_m = \dfrac{(a-c)}{2b}N$, $PS = \dfrac{(a-c)^2}{4b}N$, $CS = \dfrac{(a-c)^2}{8b}N$,
   $SW = \dfrac{3(a-c)^2}{8b}N$, $DWL = \dfrac{(a-c)^2}{8b}N$. 여기서 PS의 $\dfrac{(a-c)^2}{4b}$ 는 P_mP_cdb,
   SW의 $\dfrac{3(a-c)^2}{8b}$ 는 aP_cdb, DWL(사중손실)의 $\dfrac{3(a-c)^2}{8b}$ 는 bde.

3) 일차가격차별은 $P = MC$에서 판매량을 결정하고 총잉여(=이 판매량까지의 수요곡선 아래의 면적)를 지출액으로 설정한다. 개별 소비자의 판매량은 $P = a - bQ = MC = c$에서 $Q_c = \dfrac{(a-c)}{b}$이고, 시장 판매량은 $\dfrac{(a-c)}{b}N$. 개별 소비자 지출액은 Q_c까지 수요곡선 아래의 면적($a0Q_ce$)이므로 $\dfrac{(a-c)(a+c)}{2b}$이고 총 지출액은 $\dfrac{(a-c)(a+c)}{2b}N$. 소비자잉여=0, 생산자잉여=$\dfrac{(a-c)^2}{2b}N$, 사중손실=0. 여기서 $\dfrac{(a-c)^2}{2b}$은 aP_ce의 면적. 이 결과는 2)의 독점과는 매우 다른 반면에 1)의 완전경쟁에서의 한계가격, 판매량과 동일하다. 그러나 1)과 비교하면 일차가격차별로 인해서 소비자잉여는 영이 되며, 이 소비자잉여는 모두 생산자에게 전환된다.

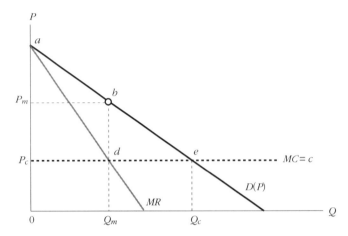

4) 이부가격제는 단위당 가격을 한계비용으로, 즉 $P=c$로 결정. $P=c$에 해당하는 $Q_c = \frac{(a-c)}{b}$가 판매량. 소비자잉여인 $aP_ce = \frac{(a-c)^2}{2b}$을 기본료로 지불한다. 따라서 개별 소비자의 총지출액은 (일종의 사용료라 할 수 있는) $P_c0Q_ce = c \times Q_c = \frac{c(a-c)}{b}$와 $aP_ce = \frac{(a-c)^2}{2b}$의 고정비(또는 기본료)의 합이다. 결과적으로 소비자잉여는 영이고, 독점기업의 이윤은 $\frac{(a-c)^2}{2b}N$이다.

6. 1) 2차가격차별,   2) 3차가격차별,   3) 2차가격차별

7. 아래 그림 참조.

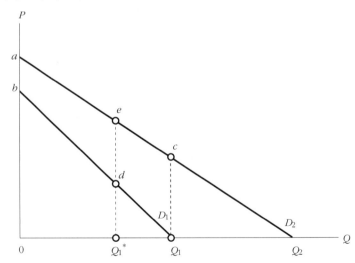

1) 1소비자: 지출액 $b0Q_1$; 판매량 Q_1; 이윤 $b0Q_1$, $CS_1 = 0$

    2소비자: 지출액 $a0Q_2$; 판매량 Q_2; 이윤 $a0Q_2$, $CS_2 = 0$

    총이윤 $\pi_1 = b0Q_1 + a0Q_2$

각 소비자에 대한 최종 판매량(1소비자는 Q_1, 2소비자는 Q_2)에서 $P_i = MC = 0$ 이므로 효율성 달성한다.

2) 1소비자: 지출액 $b0Q_1$; 판매량 Q_1; 이윤 $b0Q_1$, $CS_1 = 0$

2소비자는 1소비자와 동일한 수량을 구매하고, 동일한 액수를 지출하여 양의 소비자잉여를 얻으므로 지출액 $b0Q_1$; 판매량 Q_1; $CS_2 = abQ_1c > 0$, 이윤 $b0Q_1$이다.

총이윤 $\pi_2 = b0Q_1 + b0Q_1$; 1)의 π_1보다 abQ_1Q_2 감소; 여기서 $CS_2 = abQ_1 c > 0$를 정보지대라 한다. 효율성 달성 못한다.

3) 1소비자: 지출액 $b0Q_1$; 판매량 Q_1; 이윤 $b0Q_1$, $CS_1 = 0$

2소비자: 지출액 $b0Q_1 + cQ_1Q_2$; 판매량 Q_2; 이윤 $b0Q_1 + cQ_1Q_2$; $CS_2 = abQ_1c > 0$의 정보지대를 얻으므로 Q_1이 아니라 Q_2를 구매한다.

총이윤 $\pi_3 = b0Q_1 + (b0Q_1 + cQ_1Q_2)$; 1)의 π_1보다 abQ_1c 감소하나, 2)의 π_2보다는 cQ_1Q_2 증가한다.

효율성 달성 못하고, 4)와 같은 2차가격차별보다 이윤이 낮으므로 최적 2차가격차별이 아니다.

4) Q_1을 Q_1^*로 감소시켜서 Q_1^*에서 2소비자 지불의향 $e = D_2(Q_1^*)$와 1소비자 지불의향 $d = D_1(Q_1^*)$이 다음과 같을 때 2차가격차별 최적화 된다: $e - d = d - MC(=0)$.

1소비자: 지출액 $b0Q_1^*d$; 판매량 Q_1^*; 이윤 $b0Q_1^*d$, $CS_1 = 0$

2소비자: 지출액 $b0Q_1 + cQ_1Q_2 + edQ_1c$; 판매량 Q_2; $CS_2 = abde > 0$의 정보지대

총이윤 $\pi_4 = b0Q_1^*d + b0Q_1 + cQ_1Q_2 + edQ_1c$.

3)에 비해서 독점기업의 이윤이 더 증가하고, 2소비자의 정보지대는 최소화된다.

8. 1시장 오프라인, 2시장 온라인 시장

1) $MR_1 = 100 - 2Q_1 = 10$에서 $Q_1 = 45$; $P_1 = 55$; $\pi_1 = 2,025$, $CS_1 = 1,012.5$

$MR_2 = 90 - 4Q_2 = 10$에서 $Q_2 = 20$; $P_2 = 50$; $\pi_2 = 800$, $CS_2 = 400$

2) $Q_m = 65$; $P_m = \dfrac{160}{3}$; $\pi_m = \dfrac{8,450}{3}$(여기서, 오프라인 시장에서 이윤은 18,200/9, 온라인 시장 이윤은 7,150/9), $CS = 12,825/9$($CS_1 = \dfrac{9,800}{9}$, $CS_2 = \dfrac{3,025}{9}$)이다.

3) 3차가격차별화는 1)에서 이윤은 증가하나 CS와 사회후생은 감소한다. 총판매량이 줄었기 때문이다.

9. 오프라인에서 45단위 전량 판매시, 한계수입은 10이다. 그러나 오프라인에서

45보다 약간 줄이고, 이 감소분을 온라인에서 판매하면, 한계수입을 이보다 더 높게 하는 수량이 존재하므로 오프라인에서 45보다 더 적게, 그리고 온라인에서 조금이라도 판매하는 것이 이윤을 더 증대하는 방안이다. 수학적으로 다음의 두 식을 충족하는 수량을 결정한다.

$Q_1 + Q_2 = 45$; $MR_1 = 100 - 2Q_1 = MR_2 = 90 - 4Q_2$;

$Q_1 = \dfrac{95}{3} < 45$, $Q_2 = \dfrac{40}{3} > 0$. $\pi_1 = 1,847.2$; $\pi_2 = 711.1$

오프라인에서만 45단위 판매 시 이윤은 2,025이므로 위와 같은 방안으로 이윤을 더 얻을 수 있다.

10. 3차가격차별은 수요의 가격탄력도가 서로 다른 시장에서 서로 다른 가격을 부과하는 방안이므로 소득분배와 상관이 없다. 따라서 3차가격차별은 소득분배를 악화시키기 때문에 3차가격차별을 금지하자는 주장은 근거가 미흡하다. 그러나 특정한 상품에 대해서 저소득층의 수요의 가격탄력도가 고소득층보다 낮다면, 3차가격차별로 인해서 저소득층의 구매 가격이 고소득층보다 더 높으므로 소득분배를 악화시킬 수도 있다. 이 경우에도 수요의 가격탄력도의 차이에 기인되었다는 점을 알 필요가 있다.

11. 여기서 이부가격제는 1차가격차별의 일환으로 실시한다.

1) 단위당 가격 $P_0 = MC = 10$, 개별소비자는 90단위 구매, 개별소비자의 소비자잉여는 4,050이므로 초콜릿 매장의 입장료 $F = 4,050$을 설정한다. 개별소비자에 대한 독점이윤은 4,050이므로 모든 소비자로부터 얻는 이윤은 81,000이다.

2) 대표 소비자 한 명만 입장하여 20명분의 초콜릿을 구매한다. 초콜릿 매장의 입장료 수입은 단지 4,050이고 이 액수가 총이윤이다. 각 소비자는 대표 소비자의 입장료 4,050을 분담하므로 202.5와 초콜릿 90개에 대한 지출액 900을 합한 1,102.5를 지출한다. 결과적으로 1)과 비교하여 개별 소비자는 20단위의 초콜릿을 구매하면서 각자 3,847.5를 절약(이득)할 수 있고, 초콜릿 매장 이윤은 76,950만큼 감소한다.

3) 초콜릿 90개를 한 봉지씩 포장하여, 봉지당 가격을 4,950(봉지당 입장료 4,050, 개당 가격 10)으로 한다.

12. 1) ① 정의: B타입 소비자는 자신의 지불의향에 대한 정보를 보유하고 있지만 판매자는 소비자 B타입의 지불의향을 모르는 상황(즉, 정보가 비대칭적으로 분포된 상황)에서, 정보를 보유한 측(B타입 소비자)이 정보 보유로부터

얻는 가치 또는 보상(return).

② 수학적정의:

$$I(x) = \int_1^2 \frac{\partial U(x, t)}{\partial \theta} dt; \quad \int_1^2 10\ln(x+2)dt = (2-1)10\ln(x+2) = 10\ln(x+2);$$

참고로 $I'(x) = \dfrac{10}{x+2}$ 이다.

2) ① x_2^*: $\dfrac{\partial U}{\partial x_2} - 1 = 0 \rightarrow \dfrac{10(2+2)}{x_2+2} = 1 \rightarrow x_2^* = 38$

② x_1^*: $\dfrac{\partial U}{\partial x_1} - I'(x_1) - 1 = 0 \rightarrow \dfrac{10(1+2)}{x_1+2} - \dfrac{10}{x_1+2} - 1 = 0 \rightarrow x_1^* = 18$

3) $T_1^* = U(x_1^*, \theta_1=1) = 10(1+2)\ln(18+2) = 30\ln 20 \approx 89.87$

   $T_2^* = U(x_2^*, \theta_2=2) - I(x_1^*) = 10(2+2)\ln(38+2) - 10\ln(18+2)$

   $= 40\ln 40 - 10\ln 20 \approx 117.60$

② 수량할인: x_1^* 한 단위에 대한 지출액 $= \dfrac{T_1^*}{x_1^*} = \dfrac{89.87}{18} = 4.99 > x_2^*$ 한 단위에 대한 지출액 $= \dfrac{T_2^*}{x_2^*} = \dfrac{117.60}{38} = 3.09$ 이므로 높은 수량 선호자는 단위당 가격이 더 저렴하다.

13. 이 문제를 풀기 위해서 그림을 그려보는 것을 권장한다.

1) 가격차별 안 하는 경우, 시장 수요함수는 다음과 같다:

$$Q = \begin{cases} 200 - P & for\ P \geq 140 \\ 270 - \dfrac{3}{2}P & for\ P \leq 140. \end{cases}$$

이에 대한 역수요함수는 다음과 같다:

$$P = \begin{cases} 200 - Q & for\ Q \leq 60 \\ 180 - \dfrac{2}{3}Q & for\ Q \geq 60. \end{cases}$$

이에 따른 한계수입함수는 다음과 같다:

$$MR = \begin{cases} 200 - 2Q & for\ Q \leq 60 \\ 180 - \dfrac{4}{3}Q & for\ Q \geq 60. \end{cases}$$

① $MC = Q$인 경우, 균형은 $MR = 180 - \dfrac{4}{3}Q$에서 발생한다.

   $180 - \dfrac{4}{3}Q = Q$에서 독점 생산량은 $Q_m = 540/7$, 가격은 $P_m = 900/7$. 독점이윤은 $\pi_m = P_m Q_m - \dfrac{1}{2}Q_m^2 = 304,200/49$.

   두 시장에서 가격은 동일하게 $P_m = 900/7$이므로 1시장 수요량은 $Q_1 = 70 - \dfrac{P_m}{2} = 40/7$, 2시장 수요량은 $Q_2 = 200 - P_m = 500/7$. 이에 따라 1시장 소비자잉여는 $CS_1 = 1,600/49$, 2시장 소비자잉여는 $CS_2 = 125,000/49$ 이다. 사회후생은 $SW = \pi_m + CS_1 + CS_2 = 430,800/49$.

② $MC = \dfrac{3}{2}Q$인 경우, 균형은 $MR = 180 - \dfrac{4}{3}Q$ 구간과 $MR = 200 - 2Q$ 구간

에서 발생하나, 전자의 구간에서 독점이윤이 더 크다. 따라서 $180 - \frac{4}{3}Q = \frac{3}{2}Q$에서 독점 생산량은 $Q_m = 1{,}080/17$, 가격은 $P_m = 2{,}340/17$. 독점 이윤은 $\pi_m = P_m Q_m - \frac{3}{4}Q_m^2 = 1{,}652{,}400/289$.

두 시장에서 가격은 동일하게 $P_m = 2{,}340/17$이므로 1시장 수요량은 $Q_1 = 70 - \frac{P_m}{2} = 20/17$, 2시장 수요량은 $Q_2 = 200 - P_m = 1{,}060/17$. 이에 따라 1시장 소비자잉여는 $CS_1 = 400/289$, 2시장 소비자잉여는 $CS_2 = 561{,}800/289$이다. 사회후생은 $SW = \pi_m + CS_1 + CS_2 = 2{,}214{,}600/28$이다.

③ $MC = 6Q$인 경우, 균형은 $MR = 200 - 2Q$ 구간에서만 발생. $200 - 2Q = 6Q$에서 독점 생산량은 $Q_m = 25$, 가격은 $P_m = 175$. 독점이윤은 $\pi_m = P_m Q_m - 3Q_m^2 = 2{,}500$이다.

두 시장에서 가격은 동일하게 $P_m = 175$이므로 1시장 수요량은 $Q_1 = 0$, 2시장 수요량은 $Q_2 = 200 - P_m = 25$. 이에 따라 1시장 소비자잉여는 $CS_1 = 0$, 2시장 소비자잉여는 $CS_2 = 625/2$이다. 사회후생은 $SW = \pi_m + CS_1 + CS_2 = 5{,}625/2$이다.

2) 3차가격차별하는 경우, 시장 수요함수는 위 1)과 같으나, 한계수입은 다르다. 시장 한계수입함수는 각 시장 한계수입의 수평합이므로 다음과 같다:

$$MR = \begin{cases} 200 - 2Q & for\ Q \leq 30 \\ 180 - \frac{4}{3}Q & for\ Q \geq 30 \end{cases}$$

(위 1)과 어떤 차이가 있는지 그림을 그려서 확인하자.)

① $MC = Q$인 경우, 균형은 $MR = 180 - \frac{4}{3}Q$에서 발생한다. (그림을 그려볼 것.)

$MR = 180 - \frac{4}{3}Q = Q$에서 독점 생산량은 $Q_m = 540/7$, 한계비용과 한계수입은 $MR = MC = 540/7$이다.

1시장에서 최적 생산량은 $MR_1 = 140 - 4Q_1 = 540/7$에서 $Q_1 = 110/7$, 1시장 가격은 $P_1 = 140 - 2Q_1 = 760/7$. 1시장 소비자잉여는 $CS_1 = 12{,}100/49$이다. 2시장에서 최적 생산량은 $MR_2 = 200 - 2Q_2 = 540/7$에서 $Q_2 = 430/7$. 2시장 가격은 $P_2 = 200 - Q_1 = 970/7$. 2시장 소비자잉여는 $CS_2 = 92{,}450/49$이다.

독점이윤은 $\pi_m = P_1 Q_1 + P_2 Q_2 - \frac{1}{2}Q_m^2 = 354{,}900/49$. 여기서 $Q_m = Q_1 + Q_2 = 540/7$. 독점이윤 계산은 가격 차별 안 하는 경우와 약간 다르다. 사회후생은 $SW = \pi_m + CS_1 + CS_2 = 459{,}450/49$.

② $MC = \frac{3}{2}Q$인 경우, 균형은 $MR = 180 - \frac{4}{3}Q$에서 발생한다. (그림을 그려볼 것.)

$180 - \frac{4}{3}Q = \frac{3}{2}Q$에서 독점 생산량은 $Q_m = 1,080/17$, 한계비용과 한계수입은 $MR = MC = 1,620/17$이다.

1시장에서 최적 생산량은 $MR_1 = 140 - 4Q_1 = 1,620/17$에서 $Q_1 = 190/17$, 가격은 $P_1 = 140 - 2Q_1 = 2,000/17$, 소비자잉여는 $CS_1 = 36,100/289$이다. 2시장에서 최적 생산량은 $MR_2 = 200 - 2Q_2 = 1,620/17$에서 $Q_2 = 890/17$, 2시장 가격은 $P_2 = 200 - Q_1 = 2,510/17$, 소비자잉여는 $CS_2 = 396,050/289$이다.

독점이윤은 $\pi_m = P_1 Q_1 + P_2 Q_2 - \frac{3}{4}Q_m^2 = 1,739,100/289$이다. 여기서 $Q_m = Q_1 + Q_2 = 1,080/17$. 사회후생은 $SW = \pi_m + CS_1 + CS_2 = 2,171,250/289$이다.

③ $MC = 6Q$인 경우, 균형은 $MR = 200 - 2Q$ 구간에서만 발생하여 가격차별을 안 하는 경우와 동일하다.

3) ① $MC = Q$: 3차가격차별 안 하는 경우와 3차가격차별하는 경우에 생산량은 동일하나, 3차가격차별을 하면 지불의향에 따라 가격을 차별하므로 이윤은 증가한다. 2절 ❸에서 설명한 바와 같이 3차가격차별에서 생산량이 증가하지 않으므로 이윤 증가보다 소비자잉여가 더 많이 감소하므로 사회후생은 감소한다. ② $MC = \frac{3}{2}Q$인 경우에도 같은 해석을 할 수 있다. ③ $MC = 6Q$: 비용이 높기 때문에 3차가격차별에서 지불의향이 낮은 1시장은 배제하고, 지불의향이 높은 2시장에만 공급한다. 3차가격차별을 안 하는 경우와 동일한 결과를 가져온다.

게임이론

1.

1) 제3절 **②** 참고.

2) X: 도발, Y: 협조; 역행귀납법에 따라서 나중에 발생하는 Y의 선택을 먼저 분석하면, Y는 보복 대신 협조를 선택한다. 역행하여, X의 입장에서 유화 시 5, 도발시 10을 얻을 수 있으므로 도발을 선택하게 된다. X는 유화보다는 도발을 선택하고, Y는 도발에 직면하여 협조를 선택하므로 하부게임 완전균형은 X 도발, Y 협조이다.

3) 신뢰성 있는 공약에 대해서 X는 도발 시 −10의 보수를 얻게 되므로 오히려 유화를 선택하여 5의 보수를 얻는 것이 더 낫다. X가 유화 선택 시 Y는 50을 얻게 되어 가장 좋은 결과를 얻는다. 따라서 이러한 신뢰성 있는 공약으로 내쉬 균형은 X: 유화, Y: 보복이다. 그러나 두 경기자가 합리적이라면 이 신뢰성 있는 공약은 X가 도발한다면 지켜지지 않을 것임은 2)의 설명에서 이해할 수 있다.

2. 1) $b < 2$.

2) B의 $C1$에 따른 보수는 $(2, 2, d)$이고, $C2$에 따른 보수는 $(1, 4, 2)$이기 때문에, d가 어떤 값을 가지더라도, $C1$은 $C2$에 대해서 강우월전략이 될 수 없다.

3) $c < 3$, $a < 2$.

3. 내쉬 균형은 두 가지이다: (A 정지, B 돌진), (A 돌진, B 정지)

		B	
		돌진	정지
A	돌진	−10, −10	10, 0
	정지	0, 10	1, 1

4. 1) 줄리엣이 야구를 선택하는 경우의 기대보수는 $1q+0(1-q)=q$이고, 발레를 선택하는 경우의 기대보수는 $0q+2(1-q)=2-2q$이다. 따라서, $q>2-2q$ 또는 $q>2/3$인 경우에, 줄리엣의 최적 반응은 야구이고, $q<2/3$이라면, 줄리엣의 최적 반응은 발레이다. 만약에 $q=2/3$이라면, 야구와 발레(그리고 줄리엣의 모든 혼합전략)는 동일한 기대 보수를 가져오므로 모든 혼합전략은 최적 반응이다. 즉, 줄리엣의 최적 반응함수($B^1(q)$)는 다음과 같다.

$$B^1(q)=\begin{cases} 0 & \text{if } q<\frac{2}{3} \\ p, 0\le p\le 1 & \text{if } q=\frac{2}{3}, \\ 1 & \text{if } q>\frac{2}{3} \end{cases} \qquad B^2(p)=\begin{cases} 1 & \text{if } p<\frac{1}{3} \\ q, 0\le q\le 1 & \text{if } p=\frac{1}{3}. \\ 0 & \text{if } p>\frac{1}{3} \end{cases}$$

줄리엣은 야구에 확률 p, 발레에 확률 $1-p$를 부여한다고 하자. 로미오가 야구를 선택하는 경우의 기대보수는 $2p+0(1-p)$이고, 발레를 선택하는 경우의 기대보수는 $0p+1(1-p)$이므로 $p>1/3$인 경우에 로미오의 최적반응($B^2(p)$)은 야구이고, $p<1/3$인 경우에 로미오의 최적반응은 발레이다. 만약에 $p=1/3$인 경우에, 로미오의 모든 혼합전략은 동일한 기대보수를 가져오므로 모든 혼합전략은 최적 반응이다. 따라서 로미오의 최적 반응함수는 $B^2(q)$이다. 두 경기자의 최적반응함수는 [그림 7-3]과 같이 나타낸다. 이 그림에서 $(p, q)=(0, 0)$, $(1/3, 2/3)$, $(1, 1)$에서 두 최적반응 함수가 교차하는 것을 볼 수 있으며, 이들은 내쉬 균형이다.

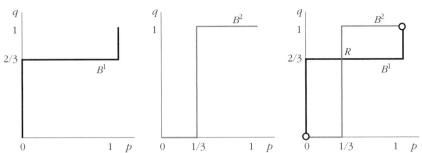

[그림 7-3-a] 줄리엣의 반응함수   [그림 7-3-b] 로미오의 반응함수   [그림 7-3-c] 균형

2) 순수전략하의 내쉬 균형은 $(p, q) = (0, 0)$과 $(1, 1)$인 경우이다.

3) 혼합전략 내쉬 균형은 $(p, q) = (1/3, 2/3)$인 경우로서 두 경기자는 양의 확률로 두 가지 행동 모두를 선택하므로 네 가지 결과((야구, 야구), (야구, 발레), (발레, 야구), (발레, 발레))가 모두 양의 확률로 발생할 수 있다. 이 경우에 혼합전략 내쉬 균형의 기대보수는 순수전략 내쉬 균형의 보수보다 모두 다 작으므로 파레토 열등하다고 할 수 있다.

5. 역행귀납법을 적용하여 하부게임 완전균형을 구한다.

경기자2가 X선택시 경기자3은 B를, 경기자2가 Y선택시, 경기자3은 A를 선택하게 되므로 경기자2의 최선은 X를 선택하게 된다. 경기자1이 L선택 시 경기자3은 B를 선택한다. 역행귀납법에서 마지막으로 경기자1은 L선택 시 경기자3이 B를 선택했으므로 보수 -1, R선택시 경기자2가 선택한 보수행렬에서 보수 5를 얻을 수 있으므로 경기자1은 R을 선택한다. 결과적으로 하부게임 완전균형은 (경기자1, R, 경기자2, X, 경기자3, B)이다.

6. 동시적 2회 게임은 유한 반복게임으로서 일회성 게임의 내쉬 균형과 동일하다. 제2회의 내쉬 균형은 (나, 마)이며, 제1회의 내쉬 균형도 동일하다.

7. 경기자 1이 $t+1$기에 경기자 2가 A를 선택한다는 가정하에 자신은 B를 선택하는 경우에 7의 보수를 얻지만, $t+2$부터 무한대까지 보복으로 인해서 3의 보수를 얻으므로 경기자 1의 배반으로 인한 현재가치화된 보수는 $V_D = 7 + \frac{\delta}{1-\delta}3$이다. 이에 비해서 경기자 1이 협조체제에서 이탈하지 하지 않고 A를 택한다면, 현재가치화된 보수는 $V_C = \frac{5}{1-\delta}$이다. 따라서 $\delta > \frac{1}{2}$이라면, $V_C > V_D$이다.

8. 오른쪽 맨 아래의 경기자1의 게임은 하나의 하부게임으로서 경기자1은 G 선

택시 1의 보수, H선택시 2의 보수를 얻으므로 H를 선택한다. 바로 위에 존재하는 하부게임에서 경기자2는 E를 선택 시 5의 보수, F선택 시 이미 경기자1의 H선택에 따라서 8의 보수를 얻으므로 경기자2는 F를 선택한다. 왼쪽에 있는 경기자2의 또 다른 하부게임(즉, 세 번째 하부게임)에서 경기자2는 가장 큰 보수를 주는 D를 선택한다. 역행귀납법에서 마지막 하부게임(네 번째 하부게임)은 경기자1이 선택하는 전체게임이기도 하다. 여기서 경기자1은 A선택 시 직면하는 보수행렬은 (3, 6)이고 B선택 시 직면하는 보수행렬은 (2, 8)이므로 A를 선택한다. 결과적으로 하부게임 완전균형은 (경기자1, A, 경기자2, D)이다.

9. 1) 두 경기자의 보수행렬은 다음과 같다:

		2경기자	
		앞면(H)	뒷면(T)
1경기자	앞면(H)	+2, −1	−1, +1
	뒷면(T)	−1, +1	+2, −1

어떤 행동 조합에서 어느 경기자도 그대로 머무르려 하지 않고 다른 행동을 택하여 더 좋은 상태를 얻을 수 있으므로 내쉬 균형은 존재하지 않는다. 예를 들어 1경기자와 2경기자가 모두 앞면을 택하는 경우에 1경기자는 2의 보수를 얻고 2경기자는 1의 보수를 잃는다. 이 조합에서 2경기자는 앞면에서 뒷면으로 이동하는 것이 더 좋으므로 (앞면, 앞면)은 내쉬 균형이 아니다. 1경기자가 앞면 2경기자가 뒷면을 택하는 조합도 내쉬 균형이 아니다. 1경기자가 뒷면을 선택하는 것이 더 좋기 때문이다.

2) 1경기자의 H에 대한 기대수입은 $E\pi_1^H = q(2)+(1-q)(-1)=3q-1$이고, T에 대한 기대수입은 $E\pi_1^T = q(-1)+(1-q)(2)=-3q+1$이다. $q<1/3$이라면, $E\pi_1^H < E\pi_1^T$이고, $q=1/3$이라면, $E\pi_1^H = E\pi_1^T$이고, $q>1/3$이라면, $E\pi_1^H > E\pi_1^T$이므로 1경기자의 q에 대한 반응함수에서 앞면에 대한 확률집합($B_1(q)$)은 다음과 같다:

$$B_1(q)=\begin{cases} \{0\} & \text{if } q<1/3 \\ \{p: 0 \leq p \leq 1\} & \text{if } q=1/3. \\ \{1\} & \text{if } q>1/3 \end{cases}$$

2경기자의 H에 대한 기대수입은 $E\pi_2^H = p(-1)+(1-p)(1)=-2p+1$이고, T에 대한 기대수입은 $E\pi_2^H = p(1)+(1-p)(-1)=2p-1$이다. $p<1/2$이라면, $E\pi_2^H < E\pi_2^T$이고, $p=1/2$이라면, $E\pi_2^H = E\pi_2^T$이고, $p>1/2$이라면, $E\pi_2^H > E\pi_2^T$이므로 2경기자의 p에 대한 반응함수에서 앞면에 대한 확률집합($B_2(p)$)은

다음과 같다:

$$B_2(p) = \begin{cases} \{1\} & \text{if } p < 1/2 \\ \{q: 0 \le p \le 1\} & \text{if } p = 1/2. \\ \{0\} & \text{if } p > 1/2 \end{cases}$$

1경기자와 2경기자의 반응함수를 전자는 실선, 후자는 점선의 반응곡선으로 나타내면 아래와 같다.

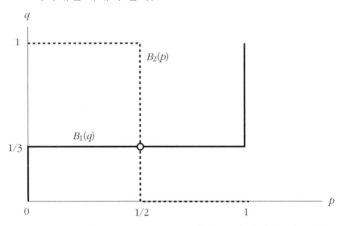

혼합전략 내쉬균형은 두 반응곡선의 교차점에서 얻는다. 즉, $(p, q) = (1/2, 1/3)$

과점시장

1. 1) i기업의 이윤: $\pi = (10 - q_i - q_{-i})q_i - q_i$. 여기서, $i = 1, 2, 3, 4, 5$이고 q_{-i}는 i가 아닌 네 개 기업 생산량의 합이다.
$\dfrac{d\pi}{dq_i} = 10 - 2q_i - q_{-i} - 1 = 0$에서 반응함수는 q_i를 q_{-i}의 함수로 표현한다:
$q_i = 4.5 - \dfrac{q_{-i}}{2}$.

2) 모든 기업의 생산량이 동일하다고 가정하면(모든 기업의 한계비용이 동일하기 때문에 실제로 모든 기업의 생산량은 동일함) $q_i = q_j = q$이므로 일차조건식에 대입하면,
$q_i = q = \dfrac{3}{2}$; 따라서 산업 생산량은 $5q = \dfrac{15}{2}$; 시장가격은 $P = \dfrac{5}{2}$; 이윤은 2.25이다.

3) $q_1 + \cdots + q_5 = Q$라 하면, 결합된 (독점)기업의 이윤함수는 $\pi = (10 - Q)Q - Q$이다. 따라서 독점 생산량은 4.5, 독점 가격은 5.5, 이윤은 20.25이다. 2)와 비교하여 결합하면, 총 생산량은 감소, 가격 상승, 총 이윤은 증가한다.

2. $\pi_i = (a - b(q_i + q_j))\, q_i - C_i q_i \ (i, j = 1, 2,\ i \neq j)$
1기업 반응함수: $q_1 = \dfrac{a - C_1}{2b} - \dfrac{q_2}{2}$; 2기업 반응함수: $q_2 = \dfrac{a - C_2}{2b} - \dfrac{q_1}{2}$
쿠르노–내쉬 생산량: $q_1 = \dfrac{a - 2C_1 + C_2}{3b}$; $q_2 = \dfrac{a + C_1 - 2C_2}{3b}$;
산업 생산량: $Q = q_1 + q_2 = \dfrac{2a - C_1 - C_2}{3b}$.
시장가격: $P = \dfrac{a + C_1 + C_2}{3}$; 이윤: $\pi_1 = \dfrac{(a - 2C_1 + C_2)^2}{9b}$; $\pi_2 = \dfrac{(a + C_1 - 2C_2)^2}{9b}$.

3. 제1절 ❹를 정리하면 답을 얻을 수 있다.

4. 그림으로 설명하면 다음과 같다. 1기업의 x축 절편을 q_{1m}이라 하자. 두 기업의 비용이 동일한 경우에 균형은 E에서 발생하며 각 기업의 생산량은 q_c로 동

일하다고 하자. 우선 2기업의 반응곡선은 q_2로 항상 일정한 반면에 1기업의 비용이 상승하면 반응곡선은 아래로 (점선) 이동한다. 그림에서 실선인 1기업의 반응곡선은 비용이 C_0인 경우이며, 점선은 비용이 $C_1(>C_0)$인 경우이다. 1기업의 반응곡선은 $\bar{q}$의 크기에 따라서 다음과 같이 다양하다.

1) $\bar{q}$가 그림과 같이 q_c(교차점 E에서 1기업 생산량)보다 적은 경우에, 1기업의 반응곡선은 $abcd$이다. 새로운 균형은 X에서 발생하므로 1기업 생산량은 감소, 2기업 생산량은 증가한다.

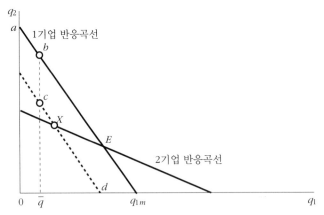

2) $\bar{q}$가 그림과 같이 q_c보다 적은 경우에, 1기업의 반응곡선은 $abcd$로서 1)과는 다른 모양이나, 균형은 X에서 발생하며, 1기업 생산량은 감소, 2기업 생산량은 증가한다.

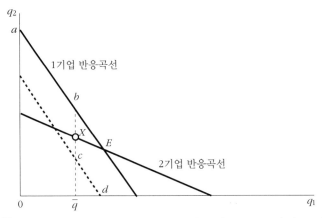

3) $\bar{q}$가 q_c와 같은 경우에, 1기업의 반응곡선은 $aEcd$이며 균형은 E에서 발생하며, 1기업과 2기업의 생산량은 원래의 균형과 동일하다.

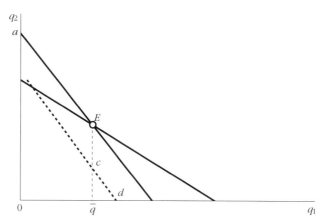

4) $\overline{q}$가 q_c보다 큰 경우에, 1기업의 반응곡선은 $abcd$이며 균형은 E에서 발생하며, 1기업과 2기업의 생산량은 원래의 균형과 동일하다.

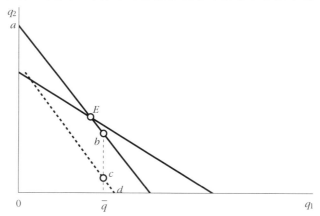

5. 1) 추종기업 이윤함수: $\pi_b = (10 - Q_a - Q_b)Q_b$. $\dfrac{d\pi_b}{dQ_b} = 10 - Q_a - 2Q_b = 0$으로부터 도출하는 추종기업의 반응함수: $Q_b = 5 - \dfrac{Q_a}{2}$.

2) 선도기업 이윤함수: $\pi_a = (10 - Q_a - (5 - \dfrac{Q_a}{2}))Q_a$. $\dfrac{d\pi_a}{dQ_a} = 5 - Q_a = 0$에서 이윤 극대화 생산량: $Q_a^l = 5$.

3) $Q_a^l = 5$을 추종기업 반응함수에 대입하면 추종기업 최적 생산량: $Q_b^f = 2.5$. 산업 생산량 $Q^s = 7.5$, 시장가격 $P^s = 2.5$, 선도기업 이윤 $\pi_a^l = 12.5$, 추종기업 이윤 $\pi_b^f = 6.25$.

4) 쿠르노 균형 생산량은 $\dfrac{d\pi_a}{dQ_a} = 10 - 2Q_a - Q_b = 0$과 $\dfrac{d\pi_b}{dQ_b} = 10 - Q_a - 2Q_b = 0$의 두 식에서 동시적 해를 구하면, $Q_a^c = Q_b^c = \dfrac{10}{3}$, 산업 생산량 $Q^c = \dfrac{20}{3}$, 시장가격 $P^c = \dfrac{10}{3}$, 기업이윤 $\pi_a^c = \pi_b^c = \dfrac{100}{9}$.

비교 $Q_a^l > Q_a^c$, $Q_b^f < Q_b^c$, $Q^s > Q^c$, $P^s < P^c$, $\pi_a^l > \pi_a^c$, $\pi_b^f < \pi_b^c$. 독자들은 이 결과를 말로 서술해 보기 바란다.

6. 한 기업이 상대방 기업보다 높은 가격을 설정 시 판매량은 영이 되며, 낮은 가격을 설정시 원하는 수량을 다 판매할 수 있다. 각 기업은 상대방의 주어진 가격에서 조금이라도 낮추려고 하는데, 가장 낮은 수준인 한계비용이 되므로 각 기업의 버트랜드 가격은 한계비용이 되어 완전경쟁시장 결과와 같다.

7. 1) 시장 수요함수를 $Q=D(P)$ $(D'(P)<0)$라고 하자. 두 기업의 한계비용이 동일한 경우에($C_1 = C_2 = C_0$), 버트랜드 역설에 의해서 시장가격은 $P=C_0$가 된다. 시장 거래량은 $Q_0 = D(C_0)$이다. 개별 기업은 이 수량을 반씩 생산한다고 가정한다. 각 기업의 이윤은 영이다.

2) 1기업의 한계비용이 낮아서 가격을 그 낮은 한계비용수준으로 정한다면 2기업은 퇴출하게 되고 1기업은 독점이 된다는 가정을 해 보자. 1기업이 독점가격을 시장가격으로 설정하고 아래의 그림처럼 $P_m > C_2$인 경우를 고려하자. 퇴출했던 2기업은 독점가격보다 더 낮은 C_2의 가격을 설정하면서 다시 생산을 할 수 있기 때문에 1기업은 비록 독점이 될 수 있다 하더라도, C_2보다 높은 가격을 정하지 못하고, 가장 높은 수준인 $C_2-\varepsilon$을 설정하여 2기업의 재진입을 막으면서 가장 높은 이윤을 얻을 수 있다(여기서 ε이란 1원에 해당하는 매우 작은 화폐 단위로 가정하며, 2기업은 가장 낮은 수준의 가격이 C_2이므로 1기업의 $C_2-\varepsilon$의 가격과 경쟁할 수 없다). 따라서 시장에서 버트랜드 균형 가격은 C_2이다(엄격히 말해서 $C_2-\varepsilon$이나 편의상 C_2라고 한다). 1기업의 생산량은 Q_2이고 2기업의 생산량은 영이다. 1기업의 이윤은 C_2C_1cb이고 2기업의 이윤은 영이다.

* 만약에 C_2가 그림처럼 C_{2h}로 높다면, 1기업은 P_m을 설정한 것인지 생각해 보자.

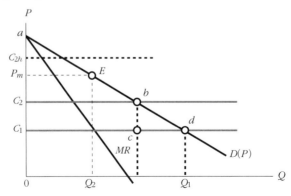

8. 1기업과 2기업의 한계비용이 동일하고 각 기업의 생산용량이 이 한계비용에서 수요량보다 훨씬 적은(예로 1/2 이하) 경우를 고려하자. 1기업이 가장 낮은

수준인 한계비용에 가격을 설정하고 자신의 생산용량만큼 공급한다고 가정하자. 이 가격에서 수요량은 1기업의 생산용량보다 더 많으므로 구매하지 못한 소비자(잔여수요)들은 자연 2기업에서 구매하려 할 것이다. 이 사실을 알고 있는 2기업은 이 잔여수요에 대해서 독점력을 행사해도 1기업에서 구매 못한 소비자들은 2기업의 높은 가격(이를 P_h라 하자)을 수용할 수밖에 없다. 이 시점에서 1기업의 이윤은 영이고, 2기업의 이윤은 양이므로 1기업으로서는 2기업의 높은 가격보다 약간 낮게 설정하여 양의 이윤을 얻을 수 있을 것이다. 그러나 이 상태에서 두 기업은 가격 할인(undercutting) 경쟁을 하게 되어 가격을 서로 낮추게 된다. 가격은 한계비용까지 낮아지지 않고 2기업이 맨 처음 얻었던 이윤을 가져다 주는 가장 낮은 가격(이를 P_L이라 하자. 이 가격은 그럼에도 한계비용보다 약간 더 높다)까지 하락하게 될 것이다. 그러나 이 낮은 가격이 내쉬 균형은 아니다. 왜냐하면, 이 가격에서 수요량은 두 기업의 생산용량의 합보다 적으므로 각 기업은 생산용량보다 적게 판매하고 이윤은 P_h에서보다 적다. 따라서 한 기업은 가격을 P_h로 올려서 이윤을 증가시킬 수 있다. 그러면 다른 기업도 가격을 P_h보다 약간 낮게 설정하여 다시 undercutting이 반복되어 P_L에 도달한다. 그렇다면 상대방도 이제 가격을 올릴 것이고, 가격 올리기 경쟁이 나타난다. 버트랜드 경쟁을 하는 두 기업의 생산용량이 비교적 적은 경우에 시장 가격은 P_h와 P_L 사이에서 순환하게 되며 이를 에지워스 순환이라 한다.

9. 기업 i의 이윤은 다음과 같다:

$\pi_i = (100 - \sum_{j=1}^{n} q_j)q_i - (81 + 19q_i).$

쿠르노 경쟁하는 기업 i의 이윤극대화 1차식은 다음과 같다:

$81 - (n+1)q_i = 0.$ 기업 i의 이윤극대화 생산량은 $q_i = \dfrac{81}{n+1}$.

산업 생산량은 $Q = \sum_{j=1}^{n} q_j = \dfrac{81n}{n+1}$.

장기에 이윤은 $\pi_i = (100 - \dfrac{81n}{n+1})\dfrac{81}{n+1} - (81 + 19\dfrac{81}{n+1}) = 0$에서 $n = 8$.

10. 1) 기업 i의 이윤은 다음과 같다:

$\pi_i = (A - C - B(q_1 + q_2 + q_3))q_i.$

쿠르노 균형은 다음과 같이 도출된다: $q_i = \dfrac{A-C}{4B}$; $Q = \dfrac{3(A-C)}{4B}$; $P = \dfrac{A+3C}{4}$; $\pi_i = \dfrac{(A-C)^2}{16B}$.

2) 결합기업의 이윤: $\pi_{12} = (A - C - B(q_{12} + q_3))q_{12}$; 3기업 이윤: $\pi_3 = (A - C - B(q_{12} + q_3))q_3$.

이 경우는 실제로 2개의 기업이 쿠르노 경쟁하는 경우와 동일한 결과 가져온다.

$$q_{12} = q_3 = \frac{A-C}{3B} \; ; \; Q = \frac{2(A-C)}{3B} \; ; \; P = \frac{A+2C}{3} \; ; \; \pi_{12} = \pi_3 = \frac{(A-C)^2}{9B}$$

1과 2기업이 결합하기 이전에 이윤의 합은 위 1)에서 $\pi_1 + \pi_2 = \frac{(A-C)^2}{8B}$ 이나, 결합 이후에 결합기업의 이윤은 $\pi_{12} = \frac{(A-C)^2}{9B}$. 결합 이후에 더 적으므로 ($\pi_{12} < \pi_1 + \pi_2$), 결합 유인이 없다. 선형수요와 일정한 비용의 세 기업이 경쟁하는 쿠르노 모형에서 두 기업이 결합할 유인이 없는 이유는 간단하다. 결합하는 두 기업은 결합하지 않는 다른 기업(여기서는 3기업)과 동일한 행동을 취하므로 실제로 복점모형과 같다. 결합기업과 결합하지 않은 기업은 동일한 생산과 이윤을 얻는다. 결합 기업의 이윤이 3개 기업이 경쟁하는 쿠르노 모형에서 두 기업의 이윤의 합보다 더 많이 증가하지 못하기 때문에 수평결합 유인 없다. 5개(10개) 기업이 쿠르노 경쟁을 하는 경우에 4개(9개) 기업이 결합하면 결합 기업의 이윤은 결합 이전 4개(9개)기업의 이윤의 합보다 증가하기 때문에 시장에서 상당히 많은 기업(최소 80%)의 결합해야 결합 유인이 발생한다.

3) 스택클버그 모형은 순차적 게임으로 제1단계에 선도기업이 생산량 q_{12}^l를 선택(선공약)하고, 제2단계에 추종기업은 이 생산량에 대해서 최적 생산 (q_3^l)을 결정한다. 역행귀납법에 의해서 제2단계의 추종기업의 최적 반응은 위 2)에서 3기업의 반응함수이다: $q_3^l = \frac{A-C}{2B} - \frac{1}{2} q_{12}^l$. 제1단계에서 선도기업의 이윤은 다음과 같다: $\pi_{12}^l = (A - C - B(q_{12}^l + \frac{A-C}{2B} - \frac{1}{2} q_{12}^l))q_{12}^l$. 이윤극대화에 따라 선도기업의 생산량은 $q_{12}^l = \frac{A-C}{2B}$. 이를 추종기업 반응함수에 대입하면 추종기업 생산량은 $q_{12}^l = \frac{A-C}{4B}$이다. 선도기업의 이윤은 다음과 같다: $\pi_{12}^l = \frac{(A-C)^2}{8B}$. 이는 쿠르노 모형에서 1기업과 2기업의 이윤의 합 ($\pi_1 + \pi_2 = \frac{(A-C)^2}{16B} + \frac{(A-C)^2}{16B}$)과 동일하다. 1기업과 2기업이 결합하여 스택클버그 선도기업이 될 수 있다면 결합할 유인이 존재한다고 할 수 있다. 가격이 내려가고 산업 생산량은 증가하므로 소비자에게도 좋은 결과이다. 물론 3기업의 이윤은 쿠르노 모형보다 하락한다.

제품 차별화와 과점시장

1. 제1절에서 $b = \dfrac{\varepsilon - 1}{\varepsilon}$가 된다.

1) $P_i = \dfrac{\varepsilon}{\varepsilon - 1} c$에서 $\varepsilon = 2$이므로 $P_i^{mc} = 2c$.

2) $q_i^{mc} = \dfrac{F(\varepsilon - 1)}{c} = \dfrac{F}{c}$.

3) $n^{mc} = \left(\dfrac{1-b}{2F}\right)^b = \left(\dfrac{1}{4F}\right)^{\frac{1}{2}}$, $b = \dfrac{1}{2}$를 대입.

4) $P_i^{mc} = 4$, $q_i^{mc} = 50$, $n^{mc} = \dfrac{\sqrt{10}}{2}$.

5) 위 3)에서 보듯이 c의 변화는 기업 숫자에 영향을 미치지 못한다.

6) 위 3)에서 보듯이 F가 하락하면 기업 숫자는 증가한다.

2. $P_2 - P_1 < t$인 경우만 분석한다. 한계소비자 $\hat{x}$ 대신에 x를 이용.

1) 한계소비자 x는 다음을 만족한다: $V - P_1 - tx = V - P_2 - t(1-x)$. 따라서, $x = \dfrac{1}{2} + \dfrac{P_2 - P_1}{2t}$이며, 이는 기업1의 수요이고, 기업2의 수요는 $1-x$로서 $\dfrac{1}{2} + \dfrac{-P_2 + P_1}{2t}$이다.

2) $V - P_1 - tx^2 = V - P_2 - t(1-x)^2$에서 위의 해를 반복한다. 1)의 결과와 동일하다.

3) $V - P_1 - tx = V - P_2 - 2t(1-x)$에서 위의 해를 반복한다. $x = \dfrac{2}{3} + \dfrac{P_2 - P_1}{3t}$; $1 - x = \dfrac{1}{3} + \dfrac{-P_2 + P_1}{3t}$.

3. 1) Max $\pi_i = (P_i - c_i)x_i = (a - c_i - ux_i - vx_i)x_i$, 여기서 $i, j = 1, 2$, $i \neq j$.

1기업 이윤극대화 1차조건 $a - c_1 - 2ux_1 - vx_2 = 0$에서 1기업 반응함수 $x_1 = R_1(x_2) = \dfrac{a - c_1}{2u} - \dfrac{v}{2u}x_2$;

2기업 이윤극대화 1차조건 $a - c_2 - vx_1 - 2ux_2 = 0$에서 2기업 반응함수 $x_2 = R_2(x_1) = \dfrac{a - c_2}{2u} - \dfrac{v}{2u}x_1$

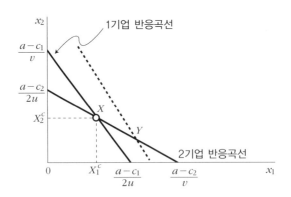

2) 1기업 쿠르노-내쉬 균형 생산량: 2기업의 반응함수를 1기업의 반응함수에 대입하면 $x_1 = \dfrac{a-c_1}{2u} - \dfrac{v}{2u}\left(\dfrac{a-c_2}{2u} - \dfrac{v}{2u}x_1\right) \rightarrow x_1^c = \dfrac{(2u-v)a - 2uc_1 + vc_2}{4u^2 - v^2}$.

1기업 쿠르노-내쉬 균형 생산량: x_1^c를 2기업 반응함수에 대입하면, $x_2^c = \dfrac{(2u-v)a + vc_1 - 2uc_2}{4u^2 - v^2}$. 그림에는 두 반응곡선의 교차점에 표시. 각 기업의 (역)수요함수에 대입하면 각 기업의 가격을 다음과 같이 도출한다:

$$P_1^c = \frac{au(2u-v) + (2u^2 - v^2)c_1 + uvc_2}{4u^2 - v^2} \; ; \; P_2^c = \frac{au(2u-v) + uvc_1 + (2u^2 - v^2)c_2)}{4u^2 - v^2}.$$

각 기업의 이윤($\pi_i = (P_i - c_i)x_i = (a - c_i - ux_i - vx_j)x_i$)에 가격과 수량을 대입하여 도출한다:

$$\pi_1^* = \frac{u(a(2u-v) - 2uc_1 + vc_2)^2}{(4u^2 - v^2)^2} \; ; \; \pi_2^* = \frac{u(a(2u-v) + vc_1 - 2uc_2)^2}{(4u^2 - v^2)^2}.$$

3) c_1이 하락하면, 1기업의 반응함수 절편이 증가하여 반응곡선은 우측으로 이동(그림의 점선), 쿠르노 균형은 X에서 Y로 이동하여 x_1 증가, x_2 감소한다; 그림에서 X에서 Y로 이동한 결과 x_2의 감소분에 비해서 x_1의 증가분이 더 크므로 산업 생산량은 증가한다. 또는 $x_1^c + x_2^c = \dfrac{2a - c_1 - c_2}{2u + v}$이므로, c_1이 1단위 하락하는 경우, 산업 생산량은 $\dfrac{1}{2u + v}$단위 증가한다.

4. 1) Max $\pi_i = (P_i - c_i)(\alpha - \beta P_i + \gamma P_j)$, 여기서 $i, j = 1, 2$, $i \neq j$.

1기업 이윤극대화 1차조건 $\alpha - 2\beta P_1 + \gamma P_2 + \beta c_1 = 0$에서 1기업 반응함수는 $P_1 = G_1(P_2) = \dfrac{\alpha + \beta c_1}{2\beta} + \dfrac{\gamma}{2\beta}P_2$;

2기업 이윤극대화 1차조건 $\alpha + \gamma P_1 - 2\beta P_2 + \beta c_2 = 0$에서 2기업 반응함수는 $P_2 = G(P_1) = \dfrac{\alpha + \beta c_2}{2\beta} + \dfrac{\gamma}{2\beta}P_1$

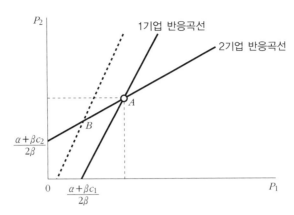

2) 1기업 균형 가격은 2기업의 반응함수를 1기업에 대입하며 다음과 같다:
$P_1 = \frac{\alpha+\beta c_1}{2\beta} + \frac{\gamma}{2\beta}\left(\frac{\alpha+\beta c_2}{2\beta} + \frac{\gamma}{2\beta}P_1\right) \rightarrow P_1^b = \frac{\alpha(2\beta+\gamma)+2\beta^2 c_1+\beta\gamma c_2}{4\beta^2-\gamma^2}$. 2기업
균형 가격은 1기업 균형 가격을 2기업 반응함수에 대입하여 얻는다:
$P_2^b = \frac{\alpha(2\beta+\gamma)+\beta\gamma c_1+2\beta^2 c_2}{4\beta^2-\gamma^2}$. 각 기업의 수요함수에 위 균형 가격을 대입
하면, 각 기업 생산량은 $x_1^b = \frac{\beta\{\alpha(2\beta+\gamma)-(2\beta^2-\gamma^2)c_1+\beta\gamma c_2\}}{4\beta^2-\gamma^2}$ 과

$x_2^b = \frac{\beta\{\alpha(2\beta+\gamma)+\beta\gamma c_1-(2\beta^2-\gamma^2)c_2\}}{4\beta^2-\gamma^2}$ 이다. 각 기업 이윤에 균형 가격과

생산량을 대입하면, $\pi_1^b = \frac{\beta\{\alpha(2\beta+\gamma)-(2\beta^2-\gamma^2)c_1+\beta\gamma c_2\}^2}{(4\beta^2-\gamma^2)^2}$ 과

$\pi_2^b = \frac{\beta\{\alpha(2\beta+\gamma)+\beta\gamma c_1-(2\beta^2-\gamma^2)c_2\}^2}{(4\beta^2-\gamma^2)^2}$ 이다.

3) c_1이 하락하는 경우에, 1기업의 반응함수는 X축 절편의 하락으로 감소하고, 반응곡선은 그림의 점선처럼 왼쪽으로 이동한다. 균형은 A에서 B로 이동하여 두 기업의 가격은 모두 하락하는데, 1기업의 가격이 2기업보다 더 많이 하락한다(그림). 이러한 가격의 변화가 의미하는 것은 1기업의 생산량은 증가하고, 2기업의 생산량은 감소. 1기업 가격이 더 많이 하락하여 생산량이 더 많이 증가하므로 산업 생산량은 증가한다.

4) 1기업의 쿠르노 가격과 버트랜드 가격을 비교한다.
$P_1^c - P_1^b = \frac{au(2u-v)+(2u^2-v^2)c_1+uvc_2}{4u^2-v^2} - \frac{\alpha(2\beta+\gamma)+2\beta^2 c_1+\beta\gamma c_2}{4\beta^2-\gamma^2}$.
$a = \frac{a(u-v)}{u^2-v^2}$, $\beta = \frac{u}{u^2-v^2}$, $\gamma = \frac{v}{u^2-v^2}$ 에서 $a = \frac{\alpha}{\beta-\gamma}$, $u = \beta(u^2-v^2)$, $2u-v = (2\beta-\gamma)(u^2-v^2)$, $2u^2-v^2 = (2\beta^2-\gamma^2)(u^2-v^2)^2$, $uv = \beta\gamma(u^2-v^2)^2$, $4u^2-v^2 = (4\beta^2-\gamma^2)(u^2-v^2)^2$을 대입하여 정리하면, $P_1^c - P_1^b = \frac{a-c_1}{4(\beta/\gamma)^2-1} > 0$.
즉, 쿠르노 균형 가격이 버트랜드 균형 가격보다 높다.

해석 이 모형의 결과에 대한 직관적 해석: 쿠르노에서 각 기업은 상대방 기업의 생산량을 주어진 것으로 가정하여 자신의 최적 생산량을 결정함. 따라서 각 기업은 단독으로 생산량을 증가 시에 시장가격 하락의 결과를 초래한다는 것을 알기 때문에 적은 생산량을 유지함. 이에 비해서, 버트랜드 모형에서 각 기업은 상대 기업이 가격을 일정하게 가정할 것이고, 생산량 증가가 가격 하락을 가져오지 않을 것으로 가정함. 따라서 쿠르노 모형보다 버트랜드 모형에서 생산량이 더 증가하게 되어, 전자의 가격이 더 높음.

5) $P_1^c - P_1^b = \dfrac{a - c_1}{4(\beta/\gamma)^2 - 1}$ 에서, 제품의 차별화가 더 클수록(γ가 감소할수록), 1 기업의 쿠르노 균형 가격과 버트랜드 균형 가격의 차이는 작아진다. 즉, $\dfrac{d(P_1^c - P_1^b)}{d\gamma} > 0$.

6) γ가 영에 접근(두 제품은 독립적)하면, 1기업의 쿠르노 균형 가격과 버트랜드 균형 가격은 같아진다. 즉, $\lim\limits_{\gamma \to 0} (P_1^c - P_1^b) = 0$.

5. 1) i 기업의 이윤: $\pi_i = P_i(168 - 2P_i + P_j)$. 여기서 $i, j = 1, 2, i \neq j$.

i 기업의 이윤극대화 1차조건식($\dfrac{\partial \pi_i}{\partial P_i} = 168 - 4P_i + P_j = 0$)에서 버트랜드 내쉬 가격은 $P_1^b = P_2^b = 56$. 수량은 $Q_1^b = Q_2^b = 112$. 이윤은 $\pi_1^b = \pi_2^b = 6,272$.

1기업(2기업) 반응함수는 이윤극대화 1차조건식에서

$P_1 = 42 + P_2/4$; $P_2 = 42 + P_1/4$.

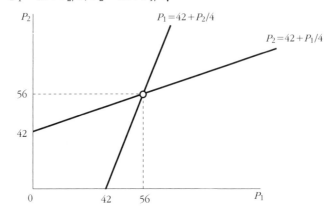

2) 제1단계에서 1기업은 P_1^L을 공약 발표하고 제2단계에 2기업은 이 가격에 최적 반응하는 자신의 가격(P_2^F)을 결정. 역행귀납법에 의해서 제2단계의 2기업의 최적반응은 반응함수로서 $P_2^F = 42 + P_1^L/4$. 제1단계에 1기업은 이윤함수 $\pi_1^L = P_1^L(168 - 2P_1^L + 42 + P_1^L/4)$에서 다음의 최적 가격 구함: $P_1^L = 60$. 이를 2기업의 반응함수에 대입하면 $P_2^F = 57$. 1, 2기업의 이윤은 $\pi_1^L = 6,300$ 과 $\pi_2^F = 6,498$이다.

3) 위 1)번의 정태적 버트랜드 게임에 비해서 순차적 게임에서 각 기업 가격은 모두 상승한다. 두 기업의 이윤은 모두 증가하는데 추종기업이 더 크고 (second mover's advantage), 오히려 선도기업의 이윤이 더 적다(first mover's *disadvantage*). 선도기업이 제1단계에서 가격을 공약하면 2기업

은 이 고정된 가격 이하로 깎으려 한다(undercutting). 제품 차별화에서 2기업은 1기업의 소비자를 모두 뺏을 수 없기 때문에 너무 낮은 수준으로 가격 인하를 할 필요가 없으며, 이를 아는 1기업은 비교적 높은 가격에 공약을 한다. 이 결과는 수량 경쟁을 하는 스택클버그 모형에서 선도기업의 이윤이 추종기업보다 더 큰 결과와 다르다. 제8장 연습문제 5번을 참고하기 바란다.

6. 1) 한계소비자 $\hat{\theta}$은 고품질 제품과 저품질 제품에 대해서 무차별하므로 $\hat{\theta}S_2 - P_2 = \hat{\theta}S_1 - P_1$. 여기서 $\hat{\theta} = \dfrac{P_2 - P_1}{S_2 - S_1}$이므로 저품질 제품 수요 $D_1 = \dfrac{\hat{\theta}-1}{b-1}$ $= \dfrac{1}{b-1}(\dfrac{P_2-P_1}{S_2-S_1}-1)$. 고품질 제품 수요 $D_2 = \dfrac{b-\hat{\theta}}{b-1} = \dfrac{1}{b-1}(b-\dfrac{P_2-P_1}{S_2-S_1})$.

2) 제2단계: 개별 기업 이윤함수: $\pi_1 = (P_1-C_1)D_1$; $\pi_2 = (P_2-C_2)D_2$;

이윤극대화 1차식: $\dfrac{d\pi_1}{dP_1} = \dfrac{1}{S_2-S_1}[-(S_2-S_1)+C_1-2P_1+P_2] = 0$;

$\dfrac{d\pi_2}{dP_2} = \dfrac{1}{S_2-S_1}[b(S_2-S_1)+C_2+P_1-2P_2] = 0.$

두 식에 대한 동시적 해: $P_1^* = \dfrac{1}{3}[(b-2)(S_2-S_1)+2C_1+C_2]$;

$P_2^* = \dfrac{1}{3}[(2b-1)(S_2-S_1)+C_1+2C_2].$

3) 먼저, $P_1^* = \dfrac{1}{3}[(b-2)(S_2-S_1)+2S_1^2+S_2^2]$; $P_2^* = \dfrac{1}{3}[(2b-1)(S_2-S_1)+S_1^2+2S_2^2]$.

$P_1^* - P_2^* = -\dfrac{1}{3}(b+1+S_1+S_2)(S_2-S_1)$. 또한 $\hat{\theta} = \dfrac{P_2-P_1}{S_2-S_1} = \dfrac{1}{3}(b+1+S_1+S_2)$

이므로 $D_1 = \dfrac{1}{b-1}(\dfrac{1}{3}(b+1+S_1+S_2)-1)$; $D_2 = \dfrac{1}{b-1}(b-\dfrac{1}{3}(b+1+S_1+S_2))$.

위에서 구한 가격과 수요를 이윤함수에 대입하면 이윤함수는 다음과 같음.

$\pi_1 = \dfrac{S_2-S_1}{9(b-1)}((b-2)+S_1+S_2)^2$; $\pi_2 = \dfrac{S_2-S_1}{9(b-1)}((2b-1)-(S_1+S_2))^2$.

개별 기업의 이윤함수를 각 기업의 품질수준에 대해서 최적화(즉, $\dfrac{d\pi_1}{dS_1}=0$, $\dfrac{d\pi_2}{dS_2}=0$) 하면,

$S_1^* = \dfrac{1}{8}(-b+5)$; $S_2^* = \dfrac{1}{8}(5b-1)$.

이제 이 값들을 앞의 가격에 대입하여 최적 가격을 결정함:

$S_2^* - S_1^* = \dfrac{3}{4}(b-1)$이고, $P_2 - P_1 = \dfrac{3}{8}(b-1)(b+1)$.

또한, $P_1^* = \dfrac{1}{192}(48(b-2)(b-1)+(5b-1)^2+2(5-b)^2$; $P_2^* = \dfrac{1}{192}(48(2b-1)(b-1)+2(5b-1)^2+2(5-b)^2$.

최종적으로 이 모든 것을 이윤함수에 대입하여 정리하면,

$\pi_1^* = \pi_2^* = \dfrac{3}{16}(b-1)^2.$

4) $\dfrac{ds_1^*}{db} = -\dfrac{1}{8} < 0$. b가 증가하는 경우에 (즉, 소비자 분포가 넓어지는 경우에) 저품질 제품의 품질 수준은 낮아진다. $\dfrac{ds_2^*}{db} = \dfrac{5}{8} > 0$. b가 증가하는 경우에, 고품질 제품의 품질 수준은 높아진다.

$\dfrac{d\pi_1^*}{db} = \dfrac{d\pi_2^*}{db} = \dfrac{3}{8}(b-1) > 0$, 즉, b가 증가하는 경우에 (즉, 소비자 분포가 넓어지는 경우에) 두 기업 이윤은 동일하게 증가한다.

시장구조, 산업집중, 성과

1. 기업(또는 산업)집중률은 시장점유율이 높은 상위 몇 개 기업의 점유율의 합이다. 이는 하나의 숫자로 시장의 지배력을 표시하는 단순성과 간편성의 장점이 있어서 규제기관에서 많이 사용한다. 그러나 집중률에 제외된 하위 기업의 시장점유율이 변화해도 이를 지배력에 반영할 수 없으며, 일관적이지 못하고, 주어진 상위 기업의 점유율 분포에 대한 정보를 제공하지 못하는 단점이 있다.

2. 허핀달지수는 산업내 모든 기업의 점유율을 반영하기 때문에 산업의 시장지배력 측정에서 모든 정보를 활용한다는 장점이 있다. 허핀달지수는 점유율에 제곱을 하기 때문에 점유율 차이에 민감한 단점이 있다.

3. $n = \dfrac{10,000}{HHI}$ 에서 $HHI = 2,500$이면, 기업 수는 4이다.

4. 제1절 ❸에서 '허핀달 지수와 러너지수의 관계'를 참고하여 정리한다.

5. 이 문제는 계량경제학에 대한 이해를 전제로 하고 있다. 여기서는 매우 간략히 설명한다.
   1) 식 a)에서 상위 8기업 점유율이 1% 증가하면, 이 산업의 이윤은 0.0521% 증가한다. 식 b)에서 상위 8기업 점유율이 70% 이상인 기업만을 대상으로 점유율이 1% 증가하면, 이윤율이 4.3857% 증가한다. 식 c)에서 상위 8기업 점유율이 70% 이상인 기업들과 그렇지 않은 기업들을 구분하여 보았을 때, 상위 8기업 점유율 70% 이상인 기업들의 점유율이 1% 증가하면, 이윤율은 7.3825% 증가하나, 그렇지 않은 기업들의 점유율이 1% 증가하면, 이 기업들의 이윤은 오히려 0.0521% 하락한다.

* 시장점유율이 높을수록 이윤이 더 높다는 해석을 할 수 있으므로, 시장 구조가 성과에 영향을 미친다는 결론을 얻는다.

2) 이 모형 자체에서 추정식에 문제가 있다는 말이 아니라, 일반적인 Bain 추정식의 문제점을 지적하면 된다. 이는 제3절의 구조론자 분석에 대한 비판을 요약한다.

6. 문제 5와 같이 이 문제도 계량경제학에 대한 이해를 전제로 하고 있다. 여기서는 매우 간략히 설명한다.

1) 광고비 지출 비율(ASR)이 증가함에 따라서 이윤율은 0.254만큼 증가한다. 나머지 변수들도 이윤율과 양의 관계를 보여준다.

2) 이 추정식은 Bain의 주장(시장구조가 성과에 영향을 미친다는 구조론)을 직접적으로 증명한 것은 아니다. 광고(행태의 한 가지)가 성과에 영향을 주고, 광고가 제품을 차별화하기 때문에 기업 이윤 향상에 매우 중요하다는 사실을 실증적으로 증명하여 Bain의 주장을 보완한 결과로 해석한다.

전략적 행동: 진입저지 전략

1. 2기업의 반응곡선은 항상 $R_2(q_1)$이고, 투자 이전 1기업의 반응곡선은 $R_1^o(q_2)$, 투자 이후에는 아래쪽으로 이동($R_1^n(q_2)$)한다. 최종적으로 1기업의 반응곡선은 K의 크기에 따라서 두 반응곡선을 연결한다.

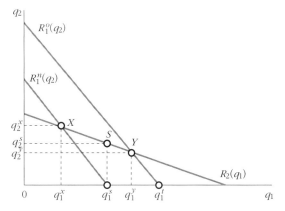

1) $K < q_1^x$: 그림처럼 K가 q_1^x의 왼쪽에 존재하므로 제2기의 1기업 반응곡선은 굵은 점선이 되고, 균형은 점 X에서 발생한다.

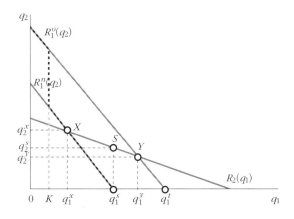

2) $q_1^x < K < q_1^s$: 제2기의 1기업 반응곡선은 굵은 점선이다. 균형은 2기업 반응 곡선과 1기업의 반응곡선의 수직구간의 교차점인 점 h에서 발생한다.

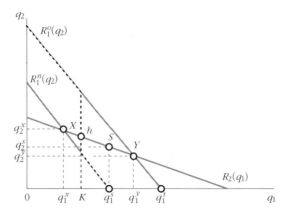

3) $q_1^s < K < q_1^y$: 제2기의 1기업 반응곡선은 굵은 점선이다. 균형은 2기업 반응 곡선과 1기업의 반응곡선의 수직구간의 교차점인 점 f에서 발생한다.

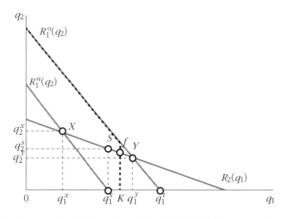

4) $q_1^t < K$: 제2기의 1기업 반응곡선은 굵은 점선이다. 균형은 점 Y에서 발생 한다.

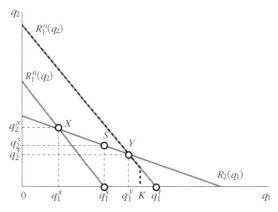

2. 위 1번 문제에 있는 그림을 참고하시오. 부분적 진입저지–부분적 진입수용 전략. 진입기업의 이윤이 영이 되는 점(z)이 그림처럼 진입기업의 반응곡선의 S와 Y사이에 있다고 가정하자.

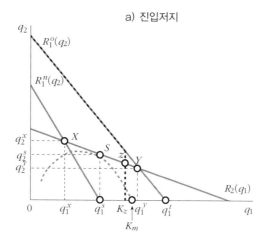

점 z에 상응하는 투자를 K_z라 하자. 기존기업은 최소한 K_z만큼의 생산용량을 투자하여 진입기업의 진입을 저지할 수 있다. 기존기업이 이 투자를 하면, 점 z에서 진입기업의 이윤은 영이 되므로 진입하지 않기 때문이다. 즉, 기존기업의 투자가 K_z이면, 제2기에 기존기업과 진입기업의 생산량은 $(K_z, 0)$이다. 그러나 K_z의 투자가 기존기업에게 최적인지, 또는 진입기업의 진입을 수용하는 것이 더 나은지 여부를 검토해 보아야 한다. 위 그림에는 기존기업의 스태클버그 선도기업의 이윤극대화 점 S가 표시되어 있다. 이 점은 전략적 진입 수용을 표시한다. 이 경우에 동등이윤 곡선(점선의 포물선으로 S와 접하고 있음)이 q_1축과 교차하는 생산량을 K_m이라 하자. 생산량 K_m은 전략적 진입수용(점 S)을 하여 얻는 동일한 이윤을 독점기업이 생산할 수 있는 생산량이다.

그림 a)처럼 $K_m > K_z$라면, 기존기업은 이윤이 더 높으므로 진입을 저지한다. 그러나 그림 b)처럼 $K_m < K_z$라면, 기존기업은 진입수용을 선호한다. 진입저지가 최적이라면, 진입이 발생하지 않는다 하더라도, 진입저지 위협은 진입이 가능하지 않은 경우에 비해서 생산량과 후생이 증가하기 때문에 시장 결과에 영향을 준다.

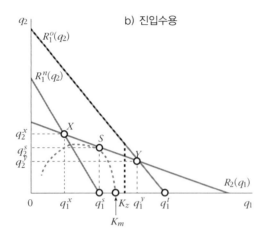

3. 1) 온순형(Puppy Dog) 전략, 2) 자만형(Fat Cat) 전략, 3) 강골형(Top Dog)
전략, 4) 야망형(Lean and Hungry Look) 전략
기존기업이 진입을 수용하는 경우에 4 가지 전략은 아래와 같다. 잠재기업
과 기존기업의 경쟁이 전략적 보완재인지 또는 전략적 대체재인지에 따라
서 그리고 기존기업의 투자가 기존기업을 강하게 하는지 부드럽게 하는지
에 따라서 아래와 같다.

	투자가 기존기업을 강하게(tough) 하는 경우	투자가 기존기업을 부드럽게(soft) 하는 경우
전략적 보완재 반응곡선 우상향 (버트랜드 경쟁)	① 온순형 전략 강하게 보이는 것을 피하기 위해 <u>과소투자</u>	② 자만형 전략 부드러운 반응을 유도하기 위해 <u>과잉투자</u>
전략적 대체재 반응곡선 우하향 (쿠르노 경쟁)	③ 강골형 전략 강하게 보이기 위해 <u>과잉투자</u> (진입저지와 동일)	④ 야망형 전략 강하게 보이기 위해 <u>과소투자</u> (진입저지와 동일)

기존기업이 진입을 저지하는 경우에는 전략적 보완재와 전략적 대체재에
상관없이, 기존기업의 투자의 효과에 의해서만 전략이 구분된다.

	투자가 기존기업을 강하게(tough) 하는 경우	투자가 기존기업을 부드럽게(soft) 하는 경우
전략적 보완재 반응곡선 우상향 (버트랜드 경쟁)	⑤ 강골형 전략 강하게 보이기 위해 <u>과잉투자</u>	⑥ 야망형 전략 강하게 보이기 위해 <u>과소투자</u>
전략적 대체재 반응곡선 우하향 (쿠르노 경쟁)	③ 강골형 전략 강하게 보이기 위해 <u>과잉투자</u> (진입수용과 동일)	④ 야망형 전략 강하게 보이기 위해 <u>과소투자</u> (진입수용과 동일)

현실적인 예는 각자 생각해 보기를 바란다.

4. 1) 잠재기업이 진입하는 경우 제2기의 시장 균형:

각 기업의 이윤 $\pi_i = (100 - q_1 - q_2)q_i - (121 + 50q_i)$. 각 기업의 생산량은 16.67, 시장 가격은 66.67, 이윤은 각각 156.78. 기존기업의 제1기의 독점기업으로서 이윤은 504이므로, 두 기간의 이윤의 합은 660.78이다.

2) 1기업은 제1기에 독점기업으로서 504의 독점이윤이 발생했으나, 제1기 말에 600의 투자로 96의 손실 발생. 제2기에 두 기업의 이윤: $\pi_1 = (100 - q_1 - q_2)q_1 - (121 + C_o q_1)$; $\pi_2 = (100 - q_1 - q_2) q_2 - (121 + 50q_2)$.

제2기의 쿠르노 균형 생산량: $q_1 = \dfrac{150 - 2C_o}{3}$, $q_2 = \dfrac{C_o}{3}$, $q_1 + q_2 = \dfrac{150 - C_o}{3}$; $P = \dfrac{150 + C_o}{3}$. 이에 따라서, 2기업의 이윤은 다음과 같다:

$$\pi_2 = (100 - q_1 - q_2)q_2 - (121 + 50q_2) = \frac{150 + C_o}{3}\frac{C_o}{3} - \left(121 + 50\frac{C_o}{3}\right) = \frac{C_o^2 - 1{,}089}{9}.$$

진입저지할 수 있는 비용은 $\pi_2 = \dfrac{C_o^2 - 1{,}089}{9} \leq 0$이므로, $C_o \leq 33$. 즉, 1기업이 기술개발 투자로 비용을 33 이하로 낮출 수 있다면, 진입기업은 진입저지된다.

3) 1기업의 제1기 말의 순이윤은 $504 - 500 = 4$이다. 제2기에 각 기업의 이윤은 다음과 같다.

$\pi_1 = (100 - q_1 - q_2)q_1 - (121 + C_1 q_1)$; $\pi_2 = (100 - q_1 - q_2)q_2 - (121 + C_2 q_2) - 500$.

균형을 구한 후에 $C_2 = \dfrac{C_1}{2}$을 대입한다. 쿠르노 균형;

$$q_1 = \frac{100 - 2C_1 + C_2}{3} = \frac{200 - 3C_1}{6}, \quad q_2 = \frac{100 + C_1 - 2C_2}{3} = \frac{100}{3}, \quad P = \frac{200 + 3C_1}{6}.$$

이에 따라서 $\pi_1 = (100 - q_1 - q_2)q_1 - (121 + C_1 q_1) = \dfrac{200 + 3C_1}{6}\dfrac{200 - 3C_1}{6} - \left(121 + C_1\dfrac{200 - 3C_1}{6}\right)$, 1기업 이윤은 적절한 C_1의 범위에서 항상 양이다. $\pi_2 = (100 - q_1 - q_2)q_2 - \left(121 + \dfrac{C_1}{2}q_2\right) - 500 = \dfrac{200 + 3C_1}{6}\dfrac{100}{3} - \left(121 + \dfrac{C_1}{2}\dfrac{100}{3}\right) - 500 = \dfrac{4{,}411}{9} > 0$. 즉, 2기업이 500의 기술개발 투자를 하고, 한계비용을 1기업의 절반으로 낮출 수 있다면, 2기업은 양의 초과이윤을 얻으므로 진입한다.

5. 1) 역행귀납법에 의해서 제2단계 잠재기업의 반응함수는 $K_2 = \dfrac{a}{2} - \dfrac{K_1}{2}$. 이를 기존기업의 이윤함수에 대입하면 $\pi_1 = K_1\left(a - K_1 - \left(\dfrac{a}{2} - \dfrac{K_1}{2}\right)\right)$. 기존기업의 최적 투자는 $K_1^* = \dfrac{a}{2}$, 이윤은 $\pi_1^* = \dfrac{a^2}{8}$ 잠재기업의 최적 투자는 $K_2^* = \dfrac{a}{4}$, 이윤은 $\pi_2^* = \dfrac{a^2}{16}$이다. 이 게임에서 잠재기업은 진입하며, 이를 진입수용 (accommodated entry)이라 할 수 있다.

2) (1) 잠재기업의 고정비용(F)을 제외한 이윤은 앞의 1)과 동일하므로 이 경

우에 잠재기업의 이윤은 $\pi_2^* = \dfrac{a^2}{16} - F$이다. 따라서 $F < \dfrac{a^2}{16}$(진입에 따른 고정비용이 낮으면) 잠재기업 이윤은 양이므로 진입한다.

(2) $\pi_2 = K_2(a - K_1^d - K_2) - F$에서 잠재기업의 투자수준은 $K_2 = \dfrac{a}{2} - \dfrac{K_1^d}{2}$이고, 극대화 이윤은 다음과 같다: $\pi_2^d = \dfrac{(a - K_1^d)^2}{4} - F$. 기존기업이 잠재기업의 이윤이 영이 되게 하는 투자 수준은 다음과 같다: $K_1^d = a - 2\sqrt{F}$. 이윤은 $\pi_1^d = 2\sqrt{F}(a - 2\sqrt{F})$.

① 진입봉쇄(entry blockaded): $F > \dfrac{a^2}{16}$인 경우에 잠재기업의 이윤은 음수이므로 진입봉쇄되며, 기존기업은 독점기업으로서 투자 수준 $(K_1^m = a/2)$을 결정한다. $\pi_1^d = a^2/4$.

② 진입수용(entry accommodated): $F < \dfrac{a^2}{16}$인 경우에 잠재기업의 이윤은 양수이므로 진입봉쇄는 불가하여 진입을 수용하며 기존기업은 $K_1^d = a - 2\sqrt{F}$를 투자하며 이윤은 $\dfrac{a^2}{8}$보다 더 크다.

③ 진입저지(entry deterrence): $F \approx \dfrac{a^2}{16}$인 경우에 기존기업은 $K_1^d = a - 2\sqrt{F}$를 투자하며 이윤은 $\dfrac{a^2}{8}$보다 더 크다. 잠재기업은 진입하지 못한다.

약탈 전략과 협조 전략

1. 지배적 기업이 이윤극대화 하는 경우(p. 312), 현재가치화된 이윤은 $V_L = \pi_L(P_L)$ $(1 + \delta + \delta^2 + \cdots + \delta^T) = \pi_L(P_L)\left(1 + \dfrac{\delta(1-\delta^T)}{1-\delta}\right)$이다. 지배적 기업의 한계비용이 10이면 주변기업의 최저가격 40보다 낮은 10에서 가격을 설정하여 퇴출시킬 수 있으므로 지배적 기업은 약탈가격을 설정할 수 있다. 약탈가격 이후 독점기업은 $Q_m = 90$, $P_m = 55$을 설정하고, $\pi_m(P_m) = 4,050$을 얻는다. 한계비용을 10으로 낮추기 위해서 $t = 0$에 F의 고정비용이 소요되고, $t = 1$부터 T까지 독점기업이 된다고 가정하면, 이 약탈 전략으로 현재가치화된 이윤은 $V_m = -F + \pi_m$ $(P_m)(\delta + \delta^2 + \cdots + \delta^T) = -F + \pi_m(P_m)\left(\dfrac{\delta(1-\delta^T)}{1-\delta}\right)$이다. 이에 따라 $V_m - V_L = -F + $ $\pi_m(P_m)\left(\dfrac{\delta(1-\delta^T)}{1-\delta}\right) - \pi_L(P_L)\left(1 + \dfrac{\delta(1-\delta^T)}{1-\delta}\right) = -F - \pi_L(P_L) + (\pi_m(P_m) - \pi_L(P_L))$ $\dfrac{\delta(1-\delta^T)}{1-\delta}$이다. V_m이 V_L보다 큰 조건은 $(\pi_m(P_m) - \pi_L(P_L))\dfrac{\delta(1-\delta^T)}{1-\delta} > F + \pi_L(P_L)$ 이다. 즉, 고정비용 지출에 따라서 즉각적으로 얻을 수 있는 독점이윤과 이를 지출하지 않고 지배적 기업으로 얻는 이윤의 차이($\pi_m(P_m) - \pi_L(P_L)$)의 현재가치가 오늘 지출할 고정비용보다 더 크다면, 이 기업은 약탈가격을 실행한다. 여기서 $\pi_m(P_m) = 4,050$이고, $\pi_L(P_L) = \dfrac{4,900}{3}$이다. $T = \infty$인 경우 등을 고려하여 더 구체적인 상황을 설명할 수 있을 것이다.

2. 1) 합병 전략: 시카고 학파의 McGee(1958)는 약탈가격을 충족할 조건으로 ① 약탈가격으로 인한 단기의 손실보다 미래 이윤이 더 커야 하며, ② 약탈과 동일한 결과를 초래하여 더 많은 이윤을 가져오는 전략이 없어야 한다는 조건을 제시했다. 합병은 약탈가격보다 항상 더 많은 이윤을 가져다 주기 때문에 조건 ②를 충족하지 못하므로 약탈가격은 존재하지 않는다고 주장했다.

2) 자금시장 대출가능성: 약탈가격이 실행되기 이전에, 약탈기업과 피약탈기

업 모두 양의 이윤을 얻고 있다고 가정한다. 약탈가격 실행 이후에 피약탈기업은 손실로 퇴출하고, 약탈기업은 독점이윤을 얻을 수 있다고 가정한다. 약탈가격 실행 이후 어떻게 해서든 피약탈기업이 시장이 잔존한다면 그 기간동안 약탈기업도 손실을 보게 될 것이고, 이 기간이 길어질수록 약탈기업도 견디기 어려워질 것이다. 약탈가격이 실행되는 경우에 피약탈기업이 손실을 만회할 수 있도록 대출을 받아 견딜 수 있다면, 그리고 나중에 양의 이윤을 얻게 되어 대출금을 상환할 수 있다면, 약탈기업은 대출을 받을 것이다. 또한, 이 대출로 인해 피약탈기업이 나중에 양의 이윤으로 대출금을 상환할 능력이 있다면, 은행도 대출을 해 줄 것이다. 이 경우에 피약탈기업은 약탈가격 실행시 퇴출하지 않는 것이 최적 전략이다. 이를 알고 있는 (합리적인) 약탈기업은 약탈가격 전략을 하지 않는 것이 최적 전략이므로, 피약탈기업이 자금시장에서 대출가능성이 높은 경우에, 약탈가격 전략은 존재하지 않는다.

3. 정부의 가격규제 또는 경쟁기업의 대체 핵심요소 개발 등이 강력하다면 비용 올리기 전략은 현실적으로 성공하기 어렵다.

4. 경쟁시장에는 매우 많은 수의 기업이 존재하기 때문에 카르텔 구성이 어렵다. 경쟁시장에서 동질적인 제품(경쟁시장 주요 가정의 하나)으로 경쟁한다면, 카르텔 비회원 기업의 동질적인 제품으로 인해서 카르텔의 가격 올리기는 실패할 수 있다.

5. 제1절의 ❷의 [그림 12-2] 참고. 비회원사(주변기업)가 증가한다면, 이 그림에서 주변기업의 공급곡선은 우측이동(또는 그림에서 60을 축으로 우회전)하게 되고 잔여수요는 점점 감소하게 된다. 잔여수요가 감소함에 따라서, 카르텔(지배적 기업)이 설정하는 시장 가격도 하락하고, 독점력도 약화된다. 모든 기업이 탈퇴하면, 주변기업의 공급곡선은 60에서 수평선이 되고, 이 수평선은 또한 잔여수요이기도 하다. 잔여수요가 수평선이면, 이 수평선은 또한 한계수입이 되므로 시장가격은 60에서 결정되어 완전경쟁시장과 동일한 결과를 초래한다.

6. 1) 각 기업의 이윤함수는 다음과 같다: $\pi_i = (100 - Q_i - Q_j - C_i)Q_i$. 여기서 i, $j = 1, 2, i \neq j$이다. 각 기업의 반응함수는 $Q_i = \frac{100 - C_i}{2} - \frac{Q_j}{2}$이다. 두 반응함수의 교차점에서 쿠르노 균형 생산량을 얻는다: $Q_i^o = \frac{100 - 2C_i + C_j}{3}$. 이

윤은 $\pi_i^o = \dfrac{(100 - 2C_i + C_j)^2}{9}$이다.

2) $C_1 = C_2 = 10$을 위 해에 대입하면 $Q_1 = 45 - \dfrac{Q_j}{2}$; $Q_1^o = Q_2^o = 30$; $\pi_1^o = \pi_2^o = 900$.

3) $C_1 = 20$, $C_2 = 10$을 대입하면, $Q_1 = 40 - \dfrac{Q_2}{2}$; $Q_2 = 45 - \dfrac{Q_1}{2}$; $Q_1^n = \dfrac{70}{3}$, $Q_2^n = \dfrac{100}{3}$; $\pi_1^n = \dfrac{4,900}{9}$; $\pi_2^n = \dfrac{10,000}{9}$. 1기업 생산량은 감소, 2기업은 증가, 이윤도 동일한 변화를 가져온다.

7. 1) 각 기업의 이윤은 다음과 같다: $\pi_i = (P_i - C_i)(100 - P_i + P_j)$. 여기서 i, $j = 1$, 2, $i \neq j$이다. 각 기업의 반응함수는 $P_i = \dfrac{100 + C_i}{2} + \dfrac{P_j}{2}$이다. 두 반응함수의 교차점에서 버트랜드 균형 가격을 얻는다: $P_i^o = \dfrac{300 + 2C_i + C_j}{3}$. 생산량은 $Q_i^o = \dfrac{300 - C_i + C_j}{3}$이고 이윤은 $\pi_i^o = \dfrac{(300 - C_i + C_j)^2}{9}$이다.

2) $C_1 = C_2 = 30$을 대입하면, $P_i = 65 + \dfrac{P_j}{2}$; $P_i^n = 130$; $Q_i^n = 100$, $\pi_i^n = 10,000$.

3) $C_1 = 40$, $C_2 = 60$을 대입하면 $P_1 = 70 + \dfrac{P_2}{2}$; $P_2 = 80 + \dfrac{P_1}{2}$; $P_1^m = \dfrac{440}{3}$, $P_2^m = \dfrac{460}{3}$; $Q_1^m = \dfrac{320}{3}$, $Q_2^m = \dfrac{280}{3}$; $\pi_1^m = \dfrac{320^2}{9}$; $\pi_2^m = \dfrac{280^2}{9}$. 비용이 덜 상승한 1기업 가격이 상승하고 이윤이 증가한다. 비용이 더 많이 오른 2기업의 가격, 생산량과 이윤이 감소한다.

8. 1) 아래의 그램에서 보듯이 지배적 기업의 한계비용은 5로 수평선이며 $Q_d = 10$에서 수직선으로 역-L자 모양이고, 주변기업의 한계비용은 6으로 수평선이다. 지배적 기업은 시장가격을 6으로 설정하여 시장 판매량이 94($= 100 - 6$)가 되게 하고, 자신은 용량인 10을 판매한다. 지배적 기업의 이윤은 시장가격과 자신의 한계비용의 차액에 판매량을 곱한 $\pi = (6 - 5)10 = 10$이다.

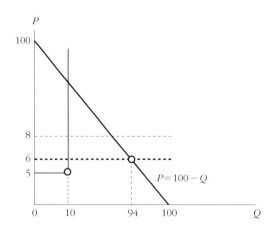

2) 주변기업의 한계비용이 8로 상승하므로 한계비용은 8에서 수평선이다. 시장가격은 8이 되며, 지배적 기업은 단위당 (3=8−5)의 마진을 얻고 생산용량 단위 판매하므로 이윤은 30이다. 앞의 1)에 비해서 이윤이 증가하는데, 주변기업의 한계비용 상승으로 시장가격 상승에 기인된다.

3) a) 지배적 기업은 시장수요에서 주변기업의 공급을 뺀 잔여수요를 도출하여 이윤극대화 생산량과 가격을 도출한다. 잔여수요는 시장 수요량에서 주변기업 공급량을 뺀 차이이다. $Q=100-P$에서 $Q_{f1}=-20+\dfrac{P}{2}$를 빼고 이를 역수요함수로 전환하면 $P_R=80-\dfrac{2}{3}Q$이다. 잔여수요에 대한 한계수입함수는 $MR_R=80-\dfrac{4}{3}Q$이다. 지배적 기업의 이윤극대화 생산량은 $MR_R=MC_d$에서 $Q_{d1}=\dfrac{720}{19}(=37.9)$이며, 이를 잔여수요에 대입하여 시장가격을 $P_{d1}=\dfrac{1,040}{19}(=54.7)$에 설정한다. 주변기업은 가격순응자로서 이 가격을 주어진 것으로 하여 $P_{d1}=MC_{f1}$에서 판매량을 결정한다. 주변기업의 총 판매량은 $Q_{f1}=\dfrac{140}{19}(=7.4)$이다. 시장 총 판매량은 지배적 기업과 주변기업의 판매량의 합으로 $\dfrac{860}{19}(=45.3)$이다.

지배적 기업의 생산자잉여(PS)는 자신의 총매출에서 총비용을 뺀 차액으로 총매출은 가격과 판매량의 곱이며, 총비용은 한계비용을 적분하여 얻는다. $PS=\dfrac{1,040}{19}\dfrac{720}{19}-\displaystyle\int_0^{\frac{720}{19}}(20+\dfrac{1}{4}z)dz=1,136.8$이다.

b) 앞 a)를 반복한다. 지배적 기업의 잔여수요는 $P_R=\dfrac{250}{3}-\dfrac{2}{3}Q$이고 한계수입 함수는 $MR_R=\dfrac{250}{3}-\dfrac{4}{3}Q$이다. 지배적 기업은 이윤극대화 조건 $MR_R=MC$에서 판매량 $Q_{d2}=40$와 시장가격 $P_{d2}=\dfrac{170}{3}(=56.7)$을 설정한다. 주변기업은 가격순응자로서 $P_{d2}=MC_{f2}$에서 주변기업 총 판매량은 $\dfrac{10}{3}$이다. 시장 총 판매량은 $\dfrac{130}{3}$이다. 지배적 기업의 생산자잉여는 $\dfrac{3,800}{3}(=1,266.7)$이다.

비교 주변기업의 한계비용이 상승하면, 지배적 기업의 잔여수요가 증가 (위로 이동)하고 비용 변화가 없으므로 이윤극대화 생산량이 증가하고 시장가격은 상승한다. 주변기업의 한계비용과 시장가격 상승으로 주변기업의 총 판매량은 감소한다. 지배적 기업의 매출은 증가하고 총비용은 이 만큼 증가하지 못하므로 생산자잉여는 증가한다.

c) 위 a)에서 주변기업은 7.4개 기업이 영업하는데 비해서 b)에서는 3.3개 기업이 영업하므로 비용이 상승하면 4.1개 기업이 퇴출된다.

기업결합

1. 1) i기업 이윤 $\pi_i=(100-Q)q_i-10q_i$;

이윤극대화 1차조건; $\dfrac{d\pi_1}{dq_1}=100-2q_1-q_2-q_3-q_4-10=0$. 모든 기업은 대칭적이므로 균형 생산량은 같을 것이므로 1차조건에, $q_2=q_3=q_4=q_1$을 대입하여 균형 생산량을 구한다; $q_i^c=\dfrac{90}{5}=18$, $Q^c=18\times4=72$, $P^c=100-72=28$, $\pi_i^c=28\times18-10\times18=324$.

2) 결합한 기업의 생산량을 q_{12}라 하면, 생산량 변수는 결합기업 q_{12}, 3기업 q_3, 4기업 q_4이다. 결합기업은 제1단계에 q_{12}를 선공약하고, 제2단계에 이를 주어진 것으로 3기업과 4기업은 추종기업으로서 쿠르노 균형을 구한다. 역행귀납법에 의해서 3, 4기업의 이윤극대화 생산량은 다음과 같다(이윤: $\pi_j=(100-q_{12}-q_3-q_4)q_j-10q_j$; $j=3, 4$). $q_3=q_4=30-\dfrac{q_{12}}{3}$. 제1단계로 돌아가서, 결합기업은 스택클버그 선도기업으로서 $q_3=q_4=30-\dfrac{q_{12}}{3}$를 자신의 이윤에 대입하여 이윤극대화 생산량을 선택한다. $\pi_{12}=\left(100-q_{12}-2(30-\dfrac{q_{12}}{3})\right)q_{12}-10q_{12}$. 따라서 $q_{12}=45$, $q_3=q_4=15$. $Q^s=75$, $P^s=25$; $\pi_{12}^s=(25-10)45=675$; $\pi_3^s=\pi_4^s=(25-10)15=225$.

3) $\pi_{12}^s=675>\pi_1^c+\pi_2^c=648$이다. 네 기업이 쿠르노 경쟁하는 경우에 1기업과 2기업 이윤의 합보다 결합된 1, 2기업의 이윤이 더 크므로 결합 유인이 있다.

4) 결합 이전 소비자잉여=2,592, 총이윤=1,296, 사회후생=3,888;

결합 이후 소비자잉여=2,812.5, 총이윤=1,125, 사회후생=3,937.5; 결합 이후에 사회후생이 더 증가한다.

2. 1) 결합 이후 독점가격이 결합 이전의 경쟁시장 가격보다 낮으므로, 소비자잉여는 증가한다. 결합 이전 경쟁기업들의 이윤은 영이고, 결합 이후 독점기업 이윤은 양이 된다. 따라서 결합으로 인해 소비자잉여와 생산자잉여(독점

이윤)가 모두 증가하므로 사회후생은 증가한다. 따라서 이 주장은 맞는다.

2) 결합 이후 한계비용에 변화가 없다면, 결합된 기업은 독점가격을 설정하고, 독점가격은 명백히 경쟁시장의 가격(＝한계비용)보다 더 높고, 생산량은 감소하므로, 소비자잉여는 감소한다. 또한 독점으로 인해서 사중손실이 발생하므로 결합 이후에 사회후생은 감소한다. 따라서 결합을 승인해서는 안 된다는 주장은 맞는다.

3) 한 기업(독점기업)이 동질적 제품을 한계비용이 다른 두 공장에서 생산하는 경우에, 각 공장의 한계비용의 합이 한계수입과 같은 점에서 총생산량을 도출하고, 각 공장은 자신의 한계비용이 이 총생산량에서의 한계수입과 같은 생산량을 생산토록 하는 것이 다공장의 경제성을 달성하는 방안이다. 한 공장의 한계비용이 이 한계수입보다 높다면, 그 공장은 조업중지하게 된다. 문제에서 두 공장의 한계비용은 10에서 동일하므로, 결합 이후에 두 공장은 항상 동일한 생산량을 달성하게 되며, '다공장의 경제성'을 달성할 목적으로 운영될 수 있다.

4) 결합 이후 규모의 경제로 한계비용이 하락한다면, 결합기업의 이윤극대화 가격은 결합 이전에 비해서 상승할 수도, 하락할 수도 있다. 전자의 경우처럼 한계비용 하락으로 가격이 상승시 소비자잉여는 감소하므로 이 주장은 맞지만, 후자의 경우처럼 가격이 하락하면 소비자잉여는 증가할 수 있으므로, 이 주장은 틀리다. 따라서 결합 결과 규모의 경제 발생 가능성, 한계비용의 하락 가능성, 가격의 상승 또는 하락 가능성을 종합적으로 판단하여 승인 여부를 결정해야 할 것이다.

3. 이중독점(연쇄독점)

1) 이중독점이 수직결합하면, 일반적으로 규모가 커진다. 최종재 시장에서 독점기업은 하나이나 결합 이전에도 하나였으므로 독점력이 커진다고 할 수 없다. 결합 이전에 두 개의 독점기업에 의한 사중손실은 두 시장에서 발생하였으나, 결합 이후에는 사중손실은 한 시장에서만 발생하게 되어 사중손실은 감소하고, 이는 소비자에게 나쁘게 작용하지는 않을 것이므로 이 설명은 틀리다.

2) 수직결합을 하면, 상류기업인 OS프로그램이 한계비용에 마크업을 붙인 중간재 가격이 아니라 한계비용으로 최종재인 PC제조업체로 이전된다. 따라서 PC 제조에 따른 한계비용이 낮아지므로 이 서술은 맞다.

3) 결합된 기업의 최종재 한계비용이 하락하므로 결합된 기업의 독점가격은 결합 이전의 독점가격보다 하락하고 생산량은 증가한다. 결합 이전에 하류

기업이 생산량을 증가한다면 상류기업의 이윤을 증가시킬 수 있는데, 하류기업은 이를 무시하는(고려치 않는) 외부성의 발생으로 결합된 경우보다 더 적게 생산한다. 따라서 결합하면 생산량은 증가하고, 상류기업의 이윤 증가를 고려한다. 결합된 기업의 총이윤은 결합 이전의 두 기업의 이윤의 합보다 더 증가하므로, 이 주장은 맞다.

4) double markups란 상류에 독점기업, 하류에 독점기업이 상류기업이 생산한 중간재를 거래하는 경우에 발생한다. 상류기업은 하류기업에, 그리고 하류기업은 최종소비자에 독점기업으로서 markup을 부과하는 것으로 마크업이 두 번 발생하는 것을 말한다. 특히, 상류는 하류가 이윤극대화로 이용하는 한계수입을 수요로 간주하여 이 수요(즉, 하류의 한계수입)에 대한 한계수입을 이윤극대화에 이용한다. 수직결합하면, 한 markup은 사라지고, 최종 소비자의 시장 수요에 대한 한계수입을 이윤극대화에 한 번만 이용한다. 결합 이전에 마크업이 두 번에 걸쳐서 발생하여 결정된 가격보다, 결합 이후에 마크업이 한 번만 발생하여 가격은 하락하므로 이 주장은 맞다.

4. 상류의 두 기업의 한계비용은 1, 하류의 두 기업의 한계비용은 2이다. 중간재 가격은 수직결합 전후에 따라서 달라지고, 이에 따른 최종재의 수요량을 한계비용으로 표현하여 비교하기 위해서 하류기업의 한계비용을 2 대신에 각각 C_1, C_2라 하자. 여기서 C_i는 상류기업의 중간재 가격에 하류 기업의 고유한 한계비용을 더한 것이다. 하류기업이 주어진 수요함수($P = a - b(q_1 + q_2)$)에 대해서 쿠르노 균형 생산량은 다음과 같다:

$$q_1 = \frac{a - 2C_1 + C_2}{3b}, \quad q_2 = \frac{a + C_1 - 2C_2}{3b} \quad \cdots\cdots\cdots\cdots\cdots\cdots\text{식 1}$$

1) 결합 이전 균형: 상류의 복점시장이 버트랜드 경쟁이므로 버트랜드 역설에 의해서 중간재(상류기업이 생산)의 가격은 한계비용과 같은 1이므로, $C_1 = C_2 = 1 + 2 = 3$이다. 이를 위 쿠르노 균형 생산량(식 1)에 대입하면, $q_1^c = q_2^c = \dfrac{a - 3}{3b}$, (양의 생산량을 가정하므로 $a > 3$을 가정) 산업 생산량 $Q^c = \dfrac{2(a - 3)}{3b}$, 시장가격 $P^c = \dfrac{a + 6}{3}$, 하류기업의 이윤은 $\pi_X = \pi_Y = \dfrac{(a - 3)^2}{9b}$이다; 중간재 가격=1, 상류기업의 이윤 $\pi_A = \pi_B = 0$(버트랜드 역설), 상류기업의 판매량은 각각 $\dfrac{a - 3}{3b}$이다.

2) 결합기업(AY)의 최종재 한계비용은 $C_2 = 3$으로 변화가 없다. X기업의 중간재 구매 가격은 B기업이 결정한다. 이 가격을 P_B라 하면, X기업의 최종 한계비용은 $C_1 = P_B + 2$가 된다. B기업은 X기업의 판매량$\left(q_1 = \dfrac{a - 2C_1 + C_2}{3b}\right)$을 수요로 간주하여 이윤극대화 P_B를 결정한다.

$\pi_B = (P_B - 1)\dfrac{a - 2C_1 + C_2}{3b}$, 그리고 이 식에 $C_1 = P_B + 2$과 $C_2 = 3$을 대입한다.

$\dfrac{d\pi_B}{dP_B} = a - 2P_B - 1 - 2P_B + 2 = 0$에서 $P_B = \dfrac{a+1}{4}$이다. 여기서, $a > 3$을 가정했으므로, $P_B > 1$로서 상류기업의 한계비용보다 높다. 이에 따라서 $C_1 = P_B + 2 = \dfrac{a+9}{4}$와 $C_2 = 3$을 식 1에 대입하면, 다음의 결과를 얻는다;

하류 X기업 생산량; $q_1^i = \dfrac{a-3}{6b} < q_1^c$; 결합기업 AY 생산량 $q_2^i = \dfrac{5(a-3)}{12b} > q_2^c$.

$q_1^i + q_2^i = \dfrac{7(a-3)}{12b} < Q^c = \dfrac{2(a-3)}{3b}$; $P^i = \dfrac{(5a+21)}{12} > P^c = \dfrac{(a+6)}{3}$;

$\pi_{AY}^i = \dfrac{25(a-3)^2}{144b}$; $\pi_B^i = \dfrac{(a-3)^2}{24b}$; $\pi_X^i = \dfrac{2(a-3)^2}{36b}$.

$\pi_B^i + \pi_X^i = \dfrac{7(a-3)^2}{72b}$.

3) 결합 이후에 생산량은 감소하고, 가격은 상승한다. 결합 안 한 하류기업 (X기업)의 판매량은 결합 이전에 비해서 감소하고, 결합 기업의 판매량은 증가한다. 이는 결합기업의 한계비용은 일정한데 비해서 결합 안 한 하류기업의 한계비용이 상승하기 때문이다. 결합기업의 한계비용은 동일한데 시장가격은 상승하고, 판매량은 증가한다. 이에 따라, 결합기업의 이윤은 결합 이전 두 기업의 이윤의 합보다 더 증가$\left(\pi_{AY}^i = \dfrac{25(a-3)^2}{144b} > \pi_Y + \pi_A = \dfrac{(a-3)^2}{9b} + 0\right)$ 하기 때문에 결합 유인이 존재한다. 결합하지 않은 상류기업(B기업)은 다른 두 기업의 결합으로 인하여 독점력을 행사할 수 있으며 양의 이윤을 얻으므로 이윤이 영이었던 결합 이전보다 더 좋아진다. 결합하지 않은 하류기업 이윤은 감소한다. 결합하지 않은 상류기업과 하류기업의 이윤의 합은 감소한다.

5. 가맹본부는 가맹사업자가 단일가격을 설정하는 경우에 사중손실이 발생하고 이를 회수하지 못한다는 것을 알고 있다. 이에 가맹본부는 가맹사업자로 하여금 한계비용에 해당하는 가격을 설정하도록 하여 충분히 많이 판매하도록 하고, 발생하는 초과이윤(소비자잉여)를 전액 가맹본부에 내도록 할 수 있다. 즉, 한계비용에 해당하는 것을 royalty fee, 초과이윤을 고정액(franchise fee)으로 납부하게 하는 이부가격제를 실시한다. 이부가격제로 인해서 하류의 마크업 기회를 제거했으므로 상류인 가맹본부는 최종재 시장에서 수직결합한 효과를 얻을 수 있다.

6. 1) 하류기업 이윤은 $\pi_i = (100 - Q_i - Q_j - C_d - P_u)Q_i$ (여기서 $i, j = 1, 2, i \neq j$). 이윤극대화 생산량, 가격, 이윤은 $Q_i^n = \dfrac{100 - C_d - P_u}{3}$, $P_d^n = \dfrac{100 + 2C_d + 2P_u}{3}$,

$\pi_i^n = \frac{(100-C_d-P_u)^2}{9}$. 최종재 수요는 $Q_1^n + Q_2^n = \frac{2(100-C_d-P_u)}{3}$이고 이는 곧 상류기업의 중간재 공급량($Q_u$)이므로 상류기업의 중간재 역수요함수는 $P_u = 100 - C_d - \frac{3}{2}Q_u$이다. 여기서 $Q_u = Q_A + Q_B$이므로 상류기업 A와 B의 이윤함수는 $\pi_t = (100 - \frac{3}{2}(Q_A+Q_B) - C_d - C_u)Q_t$, 여기서 $t=A$, B다. 상류기업의 이윤극대화 중간재 공급량은 $Q_A^n = Q_B^n = \frac{2(100-C_d-C_u)}{9}$이고 최종재 판매량과 동일하다. 즉, $Q_A^n = Q_B^n = Q_1^n = Q_2^n$. 하류시장의 최종재 가격은 $P_d^n = \frac{500+4C_d+4C_u}{9}$, 상류시장의 중간재 가격은 $P_u^n = \frac{100-C_d+2C_u}{3}$이다. 하류기업 이윤은 $\pi_i^n = \frac{4(100-C_d-C_u)^2}{81}$ ($i=1$, 2), 상류기업의 이윤은 $\pi_t^n = \frac{2(100-C_d-C_u)^2}{27}$ ($t=A$, B).

2) 수직결합 기업(A1)과 결합하지 않는 2기업의 하류시장에서 이윤은 다음과 같다.

$\pi_{A1} = (100 - Q_{A1} - Q_2 - C_d - C_u)Q_{A1}$; $\pi_2 = (100 - Q_{A1} - Q_2 - C_d - P_B)Q_2$. 여기서 P_B는 상류의 결합하지 않은 B기업이 하류의 2기업에 판매하는 중간재 가격이다.

이윤극대화 최종재 판매량은 $Q_{A1}^i = \frac{100-C_d-2C_u+P_B}{3}$, $Q_2^i = \frac{100-C_d+C_u-2P_B}{3}$이다.

이제 상류의 B기업은 독점으로 하류의 2기업에 판매하는 중간재 가격을 다음과 같이 결정한다: $Max\pi_B = (P_B - C_u)\frac{100-C_d+C_u-2P_B}{3}$에서 $P_B^* = \frac{100-C_d+3C_u}{4}$. 이에 따라서 결합기업과 2기업의 판매량은 $Q_{A1}^i = \frac{5(100-C_d-C_u)}{12}$, $Q_2^i = \frac{100-C_d-C_u}{6}$고 최종재 가격은 $P_d^i = \frac{500+7C_d+7C_u}{12}$이다. 세 기업의 이윤은 다음과 같다: $\pi_{A1}^i = \frac{25(100-C_d-C_u)^2}{144}$, $\pi_2^i = \frac{(100-C_d-C_u)^2}{36}$, $\pi_B^i = \frac{(100-C_d-C_u)^2}{24}$.

비교1 위 2)에서 B기업의 독점으로 인해서 2기업의 한계비용이 1)에서 보다 상승하고 쿠르노 경쟁에서 2기업의 판매량이 결합기업(A1)보다 더 감소한다: $Q_1^n < Q_{A1}^i$, $Q_2^n > Q_2^i$; 결합기업의 이윤은 결합 이전 두 기업(1기업과 A기업) 이윤의 합보다 증가하고 2기업의 이윤은 감소한다: $\pi_1^n + \pi_A^n < \pi_{A1}^i$, $\pi_2^n > \pi_2^i$. 결합 이후에 최종재 가격은 하락한다.

비교2 먼저 2)와 같이 수직결합한 시장에서 2기업은 $P_d^i > P_B^* + C_d$여야 영업을 할 수 있다는 점을 알고 있을 필요가 있다. 수직결합 기업(A1)은 수직배제를 하면 중간재 단위당 $P_d^i - (C_d + C_u)$의 마진을 얻는다. 수직배제를 하지 않고 동일한 한 단위의 중간재를 2기업에 판매하는 경우에 결합기업은 $P_B^* - C_u$의 마진을 얻는다. 따라서 $P_d^i - (C_d + C_u) > P_B^* - C_u$라면 결합기업은 중간재를 2기업에 판매하는 것보다 수직배제하는 것이 더 나은 선택이다. 앞에서 2기업의 영업조건은 $P_d^i > P_B^* + C_d$이므로 $P_d^i - (C_d + C_u) > P_B^* - C_u$이 성립한다. $P_d^i - (C_d + C_u) = \dfrac{5}{12}(100 - C_d - C_u)$이고 $P_B^* - C_u = \dfrac{1}{4}(100 - C_d - C_u)$이다.

묶음판매

1. MS(마이크로소프트) 윈도우에 메신저 프로그램이 깔려 있는 것은 묶음판매 전략이다. '전통적 지렛대 이론'에 따르면 이 행동은 MS가 OS시장의 독점기업으로서 윈도우를 지렛대로 삼아 경쟁시장이라 할 수 있는 메신저 시장에 독점력을 확장시키고, MS가 메신저 시장에서 다른 경쟁기업들을 퇴출시킨 후 독점기업이 되어 이윤을 더 얻으려는 의도를 가진다. 이러한 행동은 당연위법에 의한 불법 행동이다. 그러나 '하나의 독점이윤 이론'에 따르면 MS는 두 제품을 묶음판매할 이유가 없다. 두 제품은 보완재로서 소비자는 하나의 지불의향을 가지고 있다. 경쟁의 결과 메신저 한계비용이 내려가서 가격이 하락한다면, MS는 하락한 만큼 자사의 윈도우 가격을 올리더라도 소비자는 동일한 수량을 구매하므로 MS는 이윤을 더 증가시킬 수 있기 때문에 묶음판매를 할 이유가 없다. 지렛대이론의 주장처럼 OS시장의 독점력을 메신저 경쟁시장으로 확장할 이유가 없고, 오히려 경쟁시장에서 경쟁이 더 치열하고 진입이 활발하게 이루어져서 한계비용이 내려가기를 희망할 것이다. MS가 메신저 프로그램을 윈도우에 묶음판매하는 이유는 두 프로그램을 처음부터 같이 제작하는 것이 메신저의 성능을 향상시키고, 비용절감으로 효율성을 증진시켜서 소비자에게도 이득이 되기 때문이라는 주장이다. 우리나라 법정에서 제소자인 다음은 윈도우에 메신저 프로그램이 사전에 설치되어 있어서, 소비자들이 자사나 또는 다른 기업(네이버 등)들의 메신저를 다운로드 받지 않는 사전배제가 발생하기 때문에 MS의 묶음판매는 불법이라고 주장했다. 이에 대해서 MS는 다른 기업의 메신저 프로그램을 다운로드 받는 데는 단 몇 초밖에 걸리지 않기 때문에 사전배제되지 않는다고 반박하면서, 메신저 프로그램을 윈도우에 사전 설치하는 것은 전적으로 소비자를 위한 것이라고 주장한 바 있다. 결과적으로 법정은 제소자인 다음 등의 주장(결과적으로 전통적 지렛대 이론)을 받아들였다.

2. 개별 소비자의 거북에 대한 지불의향(W_1)을 X축에, 호랑에 대한 지불의향 (W_2)을 Y축에 각각 0에서 10 사이에 정사각형에 표시한다. 100명의 개별 소비자의 지불의향은 이 정사각형 안에 균등 분포한다.

1) 개별소비자의 거북에 대한 수요는 모든 호랑에 대해서 $W_1 \geq P_1^g = 7$인 면적이므로 $\dfrac{10-P_1^g}{10} \times \dfrac{10}{10} = \dfrac{fghe}{100}$이다. 따라서 100명 소비자에 의한 거북에 대한 수요(D_1)는 $D_1 = \dfrac{10-P_1^g}{10} \times \dfrac{10}{10} \times 100 = fghe$. 호랑에 대한 수요($D_2$)는 $D_2 = \dfrac{10-P_1^t}{10} \times \dfrac{10}{10} \times 100 = abde$. $P_1^g = P_1^t = 7$인 경우에 $D_1 = D_2 = 30$. 이 중에서 $fcde=9$는 두 재화를 모두 구입한다. 호랑만 구입하는 소비자는 21, 거북만 구입하는 소비자는 21이다.

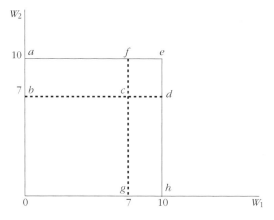

2) 순수번들링의 경우, 가격이 12이므로 $W_1 + W_2 \geq 12$인 소비자는 순수번들링 구매한다. 즉, $W_2 \geq 12 - W_1$인 영역(그리고, $0 \leq W_1 \leq 10$과 $0 \leq W_2 \leq 10$의 구간). 아래의 그림에서 mne 면적이 순수번들링 구매자에 해당한다. 순수번들링의 판매량은 개별판매 시보다 ikc만큼 증가하고, $abim+kghn$만큼 감소한다. 순수번들링 구매자는 32이다.

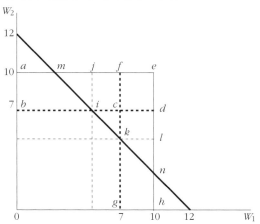

혼합번들링: $P_2^g=7$, $P_2^t=7$, 또는 $P=12$이다. 혼합번들링은 순수번들링에 비해서 개별소비자 수요가 $abim+kghn$만큼 더 증가한다. 혼합번들링에서 개별 소비자의 구매량은 다음과 같다: 호랑만 구매(W_2)＝$abij$＝15, 거북만 구매(W_1)＝$kghl$＝15, 번들제품 구매＝$jikle$＝23.

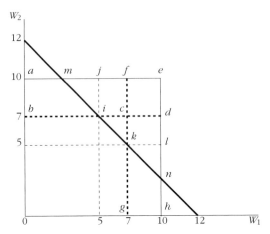

개별판매, 순수번들링, 혼합번들링 비교: ① 개별판매에서 어떤 재화도 구매하지 못한 ikc소비자가 혼합에서는 번들을 구매. ② 개별판매에서 호랑만 구입하던 $jicf$소비자는 혼합번들링에서 번들을 구입. ③ 개별판매에서 거북만 구입하던 $ckld$소비자는 혼합번들링에서 번들을 구입. ④ 순수번들링에서 번들을 구매하던 mij소비자는 혼합에서 호랑만 구매한다. ⑤ 순수번들링에서 번들을 구매하던 knl소비자는 혼합번들링에서 호랑만 구매한다.

3. 1) $P_r=P_t=3$인 경우, A와 B소비자는 R재 구입, B와 C소비자는 T재 구입하고, 이윤은 12(＝R재 2단위×3원＋T재 2단위×3원)이다. $P_r=P_t=4$인 경우, A소비자는 R재 1단위, C소비자는 T재 1단위 구입, B소비자는 아무 것도 구입하지 못한다. 이윤은 8(＝R재 1단위×4, T재 1단위×4)이다. 따라서 독점기업은 각 재화의 가격을 3으로 설정한다. A와 C소비자잉여는 1, B소비자잉여는 영이다.

2) 번들 가격이 6인 경우에 B만 구매하여 하나밖에 판매하지 못하므로 이윤은 6, 번들 가격이 4인 경우에 3단위(A, B, C 각 1단위)를 판매하여 이윤은 12이므로 번들 가격은 4가 된다. B소비자잉여는 2, A와 C소비자잉여는 영이다.

3) A소비자는 R재 1단위 구매, B소비자는 번들 1단위 구매, C소비자는 T재 1단위 구매한다. 따라서 이윤은 14(＝R재 1단위×4원＋ 번들 1단위×6원＋T재 1단위×4원)이다. 모든 소비자의 잉여는 영이다.

4) 혼합번들링의 이윤은 14로서, 번들가격이 4인 경우 순수번들링의 이윤 12 보다 더 크므로, 혼합번들링을 채택한다. 비록 순수번들링에서 두 재화를 세 단위씩 판매하고, 혼합번들링에서 두 재화를 두 단위씩 판매하지만 순 수번들링에서 B소비자의 지불의향을 모두 다 이윤으로 전환하지 못하기 때문에 이윤이 낮아진다.

5) 혼합번들링은 성공하지 못하고, 순수번들 제품만 2단위 판매될 것이다. 예를 들어, A소비자는 독점기업으로부터 번들을 구매하여 (개별 제품은 구매안함) 이 중에서 T재를 2에서 4원 사이에 C소비자에게 판매하여 이득을 얻을 수 있기 때문이다. A, B가 순수번들만 구매하므로 이윤은 12로 3)보다 적다.

4. 제13장 제3절과 제14장 제3절 참고.

상류에 X부품을 공급하는 독점기업과 Y부품을 공급하는 경쟁기업이 있다고 가정한다. 하류에 Z재를 생산하는 독점기업이 상류의 X와 Y부품을 조립하여 시장에 판매한다고 가정한다. [그림 14-6]처럼 생산함수가 원점에 볼록한 모양이고 CRS를 가정한다. 이 가정의 의미는 두 중간재가 대체성이 있음을 나타낸다. 결합 이전에 하류기업의 비용최소화 요소투입량은 점 v에서 발생한다. 점 v에서 $MRTS$는 X재를 한계비용으로 판매할 때의 기울기보다 더 가파르다. X재를 생산하는 상류 독점과 하류의 독점기업이 결합한다면, 비용최소화 요소 투입량은 점 k에서 발생하며, 이윤은 bc만큼 증가하므로 결합 유인이 존재한다. 점 k에서 $MRTS$는 점 v에서 X재와 Y재를 한계비용으로 판매하는 경우의 기울기가 같다. 이제 상류의 X재 독점기업이 Y재의 경쟁기업의 부품을 묶음판매하는 상황을 가정하자. 그리고 하류기업은 상류의 X재 독점으로부터 묶음을 살 수밖에 없는 상황이라고 가정하자. 상류의 독점기업은 X재뿐만 아니라, 묶어진 Y재도 독점가격을 받으므로, 두 중간재에 대한 $MRTS$는 X와 Y의 한계비용의 비율과 동일하게 되므로 점 k에서 최적화가 발생하고, 묶음판매로 인하여 bc의 추가 이윤이 발생한다. 따라서 수직결합은 묶음판매와 동일한 결과를 가져온다. 그러나 묶음판매에서 하류기업이 수직적 외부성(제13장)을 유발한다면 둘은 항상 동일하다고 주장할 수 없다. 또한 상류와 하류의 시장구조가 앞에서 가정한 바와 다르다면, 수직결합과 묶음판매는 다른 결과를 초래한다.

5. '전통적 지렛대 이론'에 따르면 이 주장은 맞는 말이다. 그러나 '하나의 독점이윤 이론'에 따르면 이 주장은 틀리다. 연습문제 1의 답안을 참고하기 바란다.

6. 연습문제 3과 유사.

1) 세 가지 마케팅 중에서 혼합번들링이 이윤이 가장 크므로 혼합번들링 채택한다.

	구매량	이 윤	소비자 잉여
개별판매	A, B는 Y구입, C는 X구입	(X 가격 90−25)+(Y가격 60 −25)×2=135	A=20, B=C=0
순수번들링	A, B, C 모두 번들 구입	(번들가격 100−비용 50)×3 =150	A=B=C=0
혼합번들링	A는 Y, B는 번들, C는 X	(Y 가격 75−25)+(번들가격 100−50)+(X 가격 85−25) =160	A=5, B=0, C=5

2) 순수번들링에서 X재 3단위와 Y재 3단위 판매하는 반면에 혼합번들링에서는 각각 2단위씩 판매함에도 불구하고 후자의 이윤이 더 높다. 전자에서, A소비자가 번들을 구매시, X재 한계비용은 25인데 이에 대한 지불의향은 20밖에 안 되는데도 불구하고 번들로서 X재를 판매하여 이윤 저하를 초래한다. 그러나 혼합번들링에서 A소비자가 X재를 구매하지 못하게 하여 이윤 저하를 막을 수 있다. 마찬가지로, C소비자에 대해서도 원가에 못 미치는 지불의향을 가진 Y재를 혼합번들링에서는 판매하지 않기 때문에 순수번들링보다 더 많은 이윤을 얻을 수 있다. 결과적으로 순수번들링보다 더 적게 판매하지만 혼합번들링에서 이윤을 증가할 수 있다.

7. 1) A, B독점기업의 이윤은 $\pi_A=(a-P_X-P_Y)(P_X-C)$와 $\pi_B=(a-P_X-P_Y)(P_Y-C)$이다. 이윤극대화 가격은 $P_X^o=P_Y^o=\dfrac{a+C_o}{3}$, 두 재화 가격의 합은 $P_X^o+P_Y^o=\dfrac{2(a+C_o)}{3}$이다.

2) 묶음판매하는 독점기업의 이윤은 $\pi_t=(a-P_t)(P_t-2C)$이다. 이윤극대화 가격은 $P_t=\dfrac{a+2C_o}{2}$이다. 1)과 2)에서 $P_X^o+P_Y^o-P_t=\dfrac{a-2C_o}{6}>0$이다. 보완재인 두 재화를 두 개의 독점기업이 독립적으로 판매하는 경우에 두 재화 가격의 합은 하나의 독점기업이 두 재화를 묶음으로 판매하는 가격보다 높다. (제4장 제4절 다제품 독점기업 참고)

8. 1) A재 수요: 한계소비자 i는 $\hat{U}_i-P^A=0$에서 A재 수요는 $D^A=1-P^A$이고, 마찬가지 논리로 B재 수요는 $D^B=1-P^B$이다. 1기업은 A재에 대해서 독점기업이고 이윤함수는 $\pi_1^A=(P^A-C_a)(1-P^A)$이므로 이윤극대화 가격은 $P^A=\dfrac{1+C_a}{2}$. 생산량과 이윤은 $D^A=\dfrac{1-C_a}{2}$과 $\pi_1^A=\dfrac{(1-C_a)^2}{4}$. B재시장에서 1, 2

기업은 버트랜드 경쟁하므로 버트랜드 역설에 의해서 $P_1^B = P_2^B = C_b$이고 이윤은 $\pi_1^B = \pi_2^B = 0$이다. 총 판매량은 $D^B = 1 - C_b$이고 각 기업 판매량은 $D_1^B = D_2^B = \frac{1-C_b}{2}$. 1기업의 총 이윤은 $\pi_1^A + \pi_1^B = \frac{(1-C_a)^2}{4}$.

2) 위 조건에 따라서 1기업은 A와 B를 묶음판매하여 $D_1^{A+B} = 1 - (P - P^B)$이며, 2기업 B재 수요는 $D_2^B = (P - P^B) - P^B$. 1기업의 이윤은 $\pi_1 = (1 - P + P^B)(P - C_a - C_b)$이고 2기업의 이윤은 $\pi_2 = (P - 2P^B)(P^B - C_b)$. 이윤극대화 가격과 생산량은 $P = \frac{1}{7}(4 + 4C_a + 6C_b)$, $P^B = \frac{1}{7}(1 + C_a + 5C_b)$, $D_1^{A+B} = \frac{1}{7}(4 - 3C_a - C_b)$, $D_2^B = \frac{1}{7}(2 + 2C_a - 4C_b)$. 각 기업의 이윤은 $\pi_1 = \frac{1}{49}(4 - 3C_a - C_b)^2$, $\pi_2 = \frac{2}{49}(1 + C_a - 2C_b)^2$.

3) 1기업은 번들링 이윤(π_1)은 노번들링 이윤($\pi_1^A + \pi_1^B$)보다 더 크므로 번들링을 선택한다.

4) 위 결과를 요약하면 다음과 같다: 1기업 번들링으로 2기업도 좋은 결과 얻는 모형

	1기업 번들링	크기	1기업 노번들링
2기업 가격	$P^B = \frac{1}{7}(1 + C_a + 5C_b)$	>	$P_2^B = C_b$
2기업 판매량	$D_2^B = \frac{1}{7}(2 + 2C_a - 4C_b)$	<	$D_2^B = \frac{1-C_b}{2}$
2기업 이윤	$\pi_2 = \frac{2}{49}(1 + C_a - 2C_b)^2$	>	$\pi_2^B = 0$

9. 1) 이윤은 $\pi = P_x D_x + P_y D_y = P_x[3(4 - P_x)] + P_y[4(3 - P_y)]$. 이윤극대화 1차조건(FOC): $\frac{\partial \pi}{\partial P_x} = 3(4 - 2P_x) = 0$; $\frac{\partial \pi}{\partial P_y} = 4(3 - 2P_y) = 0$에서 이윤극대화 가격은 $P_x^* = 2$, $P_y^* = 1.5$. 이윤 $\pi^* = 2[3(4-2)] + 1.5[4(3-1.5)] = 21$.

2) $\pi_{xy} = P_{xy} D_{xy} = P_{xy}[12 - \frac{(P_{xy})^2}{2}]$. 이윤극대화 1차조건은 $\frac{d\pi_{xy}}{dP_{xy}} = [12 - \frac{(P_{xy})^2}{2}] - (P_{xy})^2 = 0$에서 $P_{xy}^* = \sqrt{8} = 2\sqrt{2} = 2.83$. 이윤은 $\pi_{xy}^* = \sqrt{8}[12 - \frac{8}{2}] = 16\sqrt{2} = 22.63$.

위 1)에서 두 재화 가격의 합은 $P_x^* + P_y^* = 3.5$, 2)에서 번들 재화 가격은 $P_{xy}^* = 2.83$. 번들 가격이 개별판매 두 재화 가격 합보다 더 낮다. 두 재화 가격 합보다 낮게 설정하므로 수요 증가로 번들 가격 낮아진다.

1)에서 이윤은 $\pi^* = 21$, 2)에서 이윤은 $\pi_{xy}^* = 22.63$이므로 번들 판매 시 이윤이 더 크다. 번들 판매하면 수요는 개별판매 시보다 더 탄력적이 되어 가격 하락하고, 판매량은 증가하여 이윤 증가한다.

3) (1) 아래 그림을 참고 하시오. X재화 Y재에 대한 지불의향이 다르므로 두 재화 가격도 다를 가능성이 있으므로 P_x, $P_y(\neq P_x)$로 설정한다. 그림에

서 보듯이 c점과 g점의 좌표를 구하는 것이 도전적인 작업; c점을 중심으로 $P_{xy}P_yc$의 삼각형을 고려하면, 이 삼각형은 밑변과 높이가 같은 직각이등변 삼각형이다. 높이는 명백히 $P_{xy}-P_y$이고 밑변도 $P_{xy}-P_y$여야 한다. 따라서 c점의 X축 좌표는 $P_{xy}-P_y$이므로 X축에 표시한다. g점도 마찬가지로 밑변은 명백히 $P_{xy}-P_x$이므로 높이도 $P_{xy}-P_x$. 따라서 g점의 Y축 좌표는 $P_{xy}-P_x$. 각 재화 수요는 다음과 같음: (각 재화에 대한 수요는 재화 선호에 대한 면적을 계산함)

$$D_x(P_x, P_{xy}) = (4-P_x)(P_{xy}-P_x),$$
$$D_y(P_y, P_{xy}) = (3-P_y)(P_{xy}-P_y),$$
$$D_{xy}(P_x, P_y, P_{xy}) = (4-(P_{xy}-P_y))(3-(P_{xy}-P_x)) - \frac{1}{2}(P_x-(P_{xy}-P_y))$$
$$(P_y-(P_{xy}-P_x)).$$

(2) $\pi_M = P_x[(4-P_x)(P_{xy}-P_x) + P_y[(3-P_y)(P_{xy}-P_y)]$
$$+ P_{xy}[(4-(P_{xy}-P_y))(3-(P_{xy}-P_x))$$
$$- \frac{1}{2}(P_x-(P_{xy}-P_y))(P_y-(P_{xy}-P_x))]$$

$\frac{\partial \pi_M}{\partial P_x} = \{(4-P_x)(P_{xy}-P_x) - P_x(P_{xy}-P_x) - P_x(4-P_x)\}$
$$+ P_{xy}\{4-(P_{xy}-P_y) - (P_x+P_y-P_{xy})\}$$
$$= (P_{xy}-P_x)(8-3P_x) = 0 \rightarrow P_x^M = \frac{8}{3} \ (\because P_{xy} \neq P_x)$$

$\frac{\partial \pi_M}{\partial P_y} = \{(3-P_y)(P_{xy}-P_y) - P_y(P_{xy}-P_y) - P_y(3-P_y)\}$
$$+ P_{xy}\{3-(P_{xy}-P_x) - (P_x+P_y-P_{xy})\}$$
$$= (P_{xy}-P_y)(6-3P_y) = 0 \rightarrow P_y^M = 2 \ (\because P_{xy} \neq P_y)$$

$\frac{\partial \pi_M}{\partial P_{xy}} = P_x(4-P_x) + P_y(3-P_y)$
$$+ [(4+P_y-P_{xy})(3+P_x-P_{xy}) - \frac{1}{2}(P_x+P_y-P_{xy})^2]$$
$$+ P_{xy}[-(3+P_x-P_{xy}) - (4+P_y-P_{xy}) + (P_x+P_y-P_{xy})]$$
$$= P_x(4-P_x) + P_y(3-P_y) + (4+P_y-P_{xy})(3+P_x-P_{xy})$$
$$- \frac{1}{2}(P_x+P_y-P_{xy})^2 + P_{xy}(-7+P_{xy}) = 0$$

여기서, $P_x^M = \frac{8}{3}$, $P_y^M = 2$을 대입하면 $172 - 84P_{xy} + 9(P_{xy})^2 = 0$에서 $P_{xy}^M = \frac{42 \pm \sqrt{216}}{9} = 6.3$ 또는 3.03이다. $P_{xy}^M < P_x^M + P_y^M = 2 + \frac{8}{3} = 4.67$이기 때문에 $P_{xy}^M = 3.03$. 이윤은 $\pi_{xy}^M = 23.02$.

(3) 혼합번들링에서 $P_x^M = \frac{8}{3} = 2.7$, $P_y^M = 2$, 1)에서 구한 개별판매 가격은 $P_x^* = 2$, $P_y^* = 1.5$. 혼합번들링에서 개별 재화는 비탄력적이 되기 때문에 가격 상승한다.

(4) 혼합번들링에서 $P_{xy}^M = 3.03$이고, 2)에서 순수번들링 가격은 $P_{xy}^* = 2.83$. 혼합번들링에서 번들 재화는 비탄력적이 되기 때문에 번들 가격 상승한다.

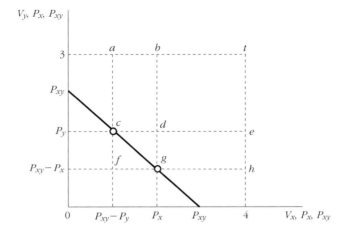

연구개발과 기술혁신

1. 제1절 ❷를 요약하기 바란다.

2. 제2절 ❶과 [그림 15-2]를 참고한다. 시장구조의 혁신 유인을 분석한 제2절 ❶의 비획기적 혁신과 여기서 분석하는 획기적 혁신은 과정이 다르고, [그림 15-2]의 넓이가 다르지만 둘의 결과는 동일하다. 아래 그림은 혁신 이후의 비용(C_n)에서 독점가격($h = P(C_n)$)($MR = C_n$에서의 가격)이 혁신 이전의 비용(C_o)보다 낮으므로 획기적 혁신을 보여준다. 여기에서는 혁신의 가치를 무한대까지 현재가치화 하지 않고 한 기간만의 가치를 계산하여 비교한다. d는 혁신 이전의 기술에서 독점가격($P(C_o)$)이며, $MR = C_o$에 해당하는 가격이다.

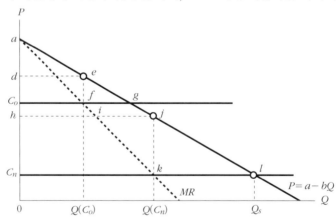

사회계획가의 혁신가치 $V^s = \int_{C_n}^{C_o} D(C)dC = C_oC_nlg.$

완전경쟁시장의 혁신가치 $V^c = D(P(C_n))(P(C_n) - C_n) = hC_nkj$ (그림에서 $Q(C_n) = D(P(C_n))$이다.)

독점시장의 혁신가치 $V^m = D(P(C_n))(P(C_n) - C_n) - D(P(C_o))(P(C_o) - C_o) = hC_nkj - dC_ofe = hC_nki$ (그림에서 $Q(C_o) = D(P(C_o))$이다.)

획기적 혁신에서 $V^s > V^c > V^m$이며, 이는 비획기적 혁신에서 시장구조의 혁신유인을 비교한 제2절 ❶의 결과와 동일하다.

3. 일반적으로 기업의 담합은 생산량 시장에서의 담합이고, 이 경우에 시장지배력을 강화하여 소비자 잉여를 감소시키므로 금지된다. 그러나 기업간 협조적 연구 개발(공동연구개발)로 인한 기술혁신은 참여한 기업들의 한계비용과 소비자 가격을 낮추고, 소비자 잉여뿐만 아니라 사회후생을 증가시키기 때문에 공동연구벤처는 장려되고 합법화되어 있다.

4. 이 문제는 특허분야에서 열띤 논쟁 분야이다. 여기서는 핵심적인 논쟁을 소개한다. 특허제도는 발명을 공개하지만 제삼자는 공개된 발명을 허가 없이 사용할 수 없으며, 특허 침해를 해서도 안 되는 제도이다. 특허권자가 허락하거나, 또는 당사자들의 협상을 통해서 라이센싱을 얻게 된다면 제삼자는 특허를 이용할 수 있다. 특허제도가 발명자에게 독점권을 부여하여 발명에 대한 보상을 보장하기 때문에 발명이 장려되고 사회적으로 혁신의 원동력 역할을 하고 있다. 그러나 특허는 이와 유사한 발명을 특허 침해로 규정하여 새로운 발명을 저지하기도 한다. 특허는 새로운 발명을 저지하거나, 새로운 발명이 기존 특허 연한이 끝난 후에야 출현하게 하여 혁신을 지연시킨 사례가 무수히 많다. 특허가 역설적이게도 새로운 발명과 혁신을 저해한다는 것이 특허 반대의 중요한 주장이다. 이에 비해서, 특허가 기본적으로 기업 내부에 갇혀 있는 비밀스러운 사안인데 비해서, open innovation은 기업 내부뿐만 아니라 외부 즉, 다른 기업이나 당사자 등의 아이디어를 공개적으로 합성하고 위험과 보상을 공유하면서 새로운 사업이나 발명을 추구하는 과정이다. 내부 R&D에만 의존할 것이 아니라 라이센싱이나 다른 기업의 발명을 적극 활용하고, 내부에서 사용하지 않는 발명 등은 다른 기업에게 공개할 것을 주장한다. 한 기업의 역량을 한 기업의 범주에 묶어 두지 말고 경쟁 기업을 포함하여 혁신 기회를 광범위하게 넓힌다면 모든 기업과 사회는 진일보할 수 있다(Chesbrough, *et al.*, 2006).

5. 2011년 애플에 의해 촉발된 삼성과의 스마트폰과 태블릿 관련 특허 소송은 당시 세기의 법정 분쟁으로 받아들여졌다. 애플은 삼성이 특허 기술과 디자인을 모방했다고 미국, 독일, 네덜란드, 프랑스, 이탈리아, 호주, 일본 등 주요 국가의 법원에 특허 침해 소송을 제기했다. 이에 삼성은 애플이 자사의 통신과 특허 기술을 침해했다고 한국, 일본 독일 등의 법원에 제소했다. 애플은 일부 법원에서 승소했으나 다른 특허 소송에서는 삼성이 이겼다. 그러나 이러한

판정은 하급 법원에서 나온 것이고 각국의 최고 법원 판결까지는 많은 시간이 소요될 것으로 예상되었다. 또한 양사에게는 천문학적인 변호사 비용도 부담이었다. 더욱이 기술 분야를 선도하는 세계적 대표 기업들에 의한 특허 기술 분쟁은 이 산업 분야에서 두 기업의 신뢰를 깎아 내리는 효과를 가져왔다. 미국 법원은 2018년 6월 초 삼성이 애플에 약 6천억원을 배상해야 한다는 판결을 내렸다. 그달 말에 삼성과 애플은 대표들의 합의에 의해 특허 소송을 모두 취하하여 7년 간의 특허 분쟁은 막을 내렸다. 이 분야에 관심있는 학생들은 분쟁 과정에서 특허 논란, 경제학적 해법, 특허 전략 등 다양한 주제를 연구 분야로 선정할 수 있을 것이다.

6. 식 15–11에 대한 1차 조건식은 다음과 같다:

$$\frac{2}{9}(5+(2-a)x_1+(2a-1)x_2)(2-a)-x_1=0;$$

$$\frac{2}{9}(5+(2a-1)x_1+(2-a)x_2)(2-a)-x_2=0.$$

두 식을 x_1과 x_2에 대해서 풀면 $x_i^{nc}=\dfrac{10(2-a)}{9-2(2-a)(1+a)}$ $(i=1, 2)$를 얻는다.

이 해를 식 15–8에 대입하면 $c_i=\dfrac{45-20(2-a)(1+a)}{9-2(2-a)(1+a)}$를 구할 수 있으며, 이 식을 식 15–9에 대입하면 다음과 같이 최적 생산량을 얻는다:

$$q_i^{nc}=\frac{15}{9-2(2-a)(1+a)}.$$

x_i^{nc}를 식 15–11에 대입하면 $\pi_i^{nc}=\dfrac{25(9-2(2-a)^2)}{(9-2(2-a)(1+a))^2}$이다.

7. 1) 먼저 두 기업의 혁신 이전의 균형을 구해보자. 각 기업의 이윤함수는 다음과 같다: $\pi_i=(120-q_i-q_j-60)q_i$, $(i, j=1, 2, i\neq j)$. 쿠르노 균형 생산량은 $q_1^o=q_2^o=20$, 시장가격은 $p^o=80$, 이윤은 $\pi_1^o=\pi_2^o=400$.

문제는 1기업의 한계비용은 30, 2기업은 60인 상태에서 쿠르노 경쟁을 하는 경우이다. 각 기업의 이윤함수는 $\pi_1=(120-q_1-q_2-30)q_1$, $\pi_2=(120-q_1-q_2-60)q_2$이다. 쿠르노 균형 생산량은 $q_1^{NL}=40$, $q_2^{NL}=10$, 시장가격은 $P^{NL}=70$, 이윤은 $\pi_1^{NL}=1,600$, $\pi_2^{NL}=100$.

2) a) $q_1^R=30+\dfrac{r}{3}$, $q_2^R=30-\dfrac{2r}{3}$; $\pi_1^R=(30+\dfrac{r}{3})^2+r(30-\dfrac{2r}{3})$, $\pi_2^R=(30-\dfrac{2r}{3})^2$.

　　b) 1기업은 이윤을 극대화하는 최적 로열티 r^*를 선택한다. 1기업의 이윤함수의 앞부분은 증가함수이고, 뒷부분은 오목함수이므로 r^*는 모서리해와 내부해가 가능하다. 어느 경우나 최적 로열티는 30을 초과할 수 없

다. 라이센싱으로 2기업의 비용 절감은 30인데 로열티가 30을 초과하면, 2기업은 라이센싱을 구매하지 않기 때문이다. 1기업의 최적 로열티는 $\frac{d\pi_1^R}{dr}=0$에서 $r^*=45$이다. 이 내부해는 최적이 될 수 없으며 최적 로열티는 $r^*=30$의 모서리해가 된다. 1기업의 생산량과 이윤은 40과 1,900이고, 2기업 생산량과 이윤은 10과 100이다. 시장가격은 70이다.

3) 라이센싱을 안 하는 경우(위 2)번)에 비해서 라이센싱을 하면 1기업 이윤은 증가하고 2기업 이윤은 감소하지 않으므로 두 기업은 라이센싱을 싫어하지 않는다. 총생산량은 50단위로 변화가 없고 시장가격도 동일하므로 소비자 잉여도 변함이 없다. 어느 경제 주체도 손해보는 일이 없이 1기업 이윤 증가로 사회후생은 증가하므로 사회계획가는 라이센싱을 장려해야 한다.

8. 이 문제는 위 7번을 약간 일반화한 모형이다. 위에서 역수요함수의 절편과 기울기를 각각 a, b로, 혁신 이전 비용 60을 C_o, 혁신 이후 비용 30을 C_o-x로 변경하였다. 계산은 조금 더 복잡하다.

1) 1기업과 2기업의 이윤함수는 $\pi_1=(a-bq_1-bq_2-(C_o-x))q_1$, $\pi_2=(a-bq_1-bq_2-C_o)q_2$이다. 이윤극대화에 따라서 1기업 반응함수는 $q_1=\frac{a-(C_o-x)}{2b}-\frac{q_2}{2}$이고, 2기업 반응함수는 $q_2=\frac{a-C_o}{2b}-\frac{q_1}{2}$이다. 두 반응함수의 교차점에서 쿠르노 균형 생산량을 얻는다: $q_1^o=\frac{a-C_o+2x}{3b}$, $q_2^o=\frac{a-C_o-x}{3b}$. 1기업이 라이센싱을 판매하지 않는 경우에 각 기업 이윤은 다음과 같다: $\pi_1^o=\frac{(a-C_o+2x)^2}{9b}$, $\pi_2^o=\frac{(a-C_o-x)^2}{9b}$.

2) a) 정액제 라이센싱: 2기업이 일정액(T)을 지불하여 라이센싱을 하면 2기업의 한계비용도 1기업과 같이 C_o-x로 하락한다. 2기업의 생산 관련 이윤은 $\pi_2=(a-bq_1-bq_2-(C_o-x))q_2$이 되어 1기업과 같다: 두 기업의 쿠르노 균형 생산량은 $q_1^T=q_2^T=\frac{a-C_o+x}{3b}$로 동일하며, 이윤도 $\pi_1^T=\pi_2^T=\frac{(a-C_o+x)^2}{9b}$로 동일하다.

2기업은 라이센싱 구매 이후의 이윤에서 구매 이전의 이윤은 뺀 차액을 라이센싱 일정액(T)으로 지불한다. 따라서 $T=\frac{(a-C_o+x)^2}{9b}-\frac{(a-C_o-x)^2}{9b}=\frac{4x(a-C_o)}{9b}(>0)$.

- 라이센싱 판매 시 1기업의 총이윤(π_1^G)는 생산에 따른 이윤(π_1^T)과 라이센싱 판매 수입인 일정액(T)의 합이므로 $\pi_1^G=\pi_1^T+T=\frac{(a-C_o+x)^2}{9b}+\frac{4x(a-C_o)}{9b}$이다. 1기업의 총이윤과 라이센싱 이전의 이윤을 비교해 보자. $\pi_1^G-\pi_1^o=\frac{x}{9b}(2(a-C_o)-3x)$. 따라서 $x<2(a-C_o)/3$이면 1기업

의 총이윤이 라이센싱 이전의 이윤보다 더 크므로 라이센싱을 판매하고, 그 반대이면 라이센싱을 판매하지 않는다.

b) 로열티 라이센싱: 제2단계에서 각 기업의 이윤은 아래와 같다:

$$\pi_1 = (a - bq_1 - bq_2 - (C_o - x))q_1 + rq_2 ; \ \pi_2 = (a - bq_1 - bq_2 - (C_o - x))q_2 - rq_2.$$

쿠르노 균형 생산량은 $q_1^R = \dfrac{a - C_o + x + r}{3b}$, $q_2^R = \dfrac{a - C_o + x - 2r}{3b}$이다.

각 기업의 이윤은 $\pi_1^R = \dfrac{(a - C_o + x + r)^2}{9b} + r\dfrac{a - C_o + x - 2r}{3b}$, $\pi_2^R = \dfrac{(a - C_o + x - 2r)^2}{9b}$이다. 제1단계에서 1기업은 이윤극대화 로열티를 선택한다. $\dfrac{d\pi_1^R}{dr} = 0$에서 $r_o = \dfrac{a - C_o + x}{2}$이다. 로열티는 혁신으로 인한 비용절감분($x$)보다 더 크면 라이센싱을 구매하지 않는다. 비획기적 혁신으로 $x < a - C_o$이므로 $r_o = \dfrac{a - C_o + x}{2} > x$이다. 따라서 최적 로열티($r^*$)는 $r_o = \dfrac{a - C_o + x}{2}$가 아니라 x이다. 부연 설명하면 r_o는 내부해인데, 이 내부해는 비획기적 혁신 조건을 충족하지 못하므로 모서리해를 선택해야 한다. 따라서 최적 로열티는 $r^* = x$이다. 각 기업 생산량은 $q_1^R = \dfrac{a - C_o + 2x}{3b}$, $q_2^R = \dfrac{a - C_o - x}{3b}$이다.

각 기업 이윤은 $\pi_1^R = \dfrac{(a - C_o + 2x)^2}{9b} + \dfrac{x(a - C_o - x)}{3b}$, $\pi_2^R = \dfrac{(a - C_o - x)^2}{9b}$이다.

c) $T - rq_2^R > 0$이다. 즉 라이센싱 일정금액 수입이 로열티 수입보다 더 크다. 그러나 1기업 입장에서 정액제에서 총 이윤($\pi_1^G = \pi_1^T + T$)과 로열티에서 총 이윤(π_1^R)을 비교하면 후자가 전자보다 더 크므로 1기업은 정액제보다 로열티 라이센싱을 선호한다. 정액제에서 총 생산량이 로열티 라이센싱에서 생산량보다 더 크므로 소비자는 전자를 선호한다.

망외부성, 호환성, 표준화

1. 두 개의 서로 다른 브랜드가 같이 작동할 수 있는 경우를 말한다. 한 제조업체의 PC에 다른 제조업체의 프린터가 작동한다면 PC와 프린터는 호환적이다. MS 윈도우가 작동하는 PC에 어떤 중소기업이 만든 컴퓨터 게임이 작동한다면 PC와 이 게임 소프트웨어는 호환적이며, 또한 MS 윈도우와 게임소프트웨어는 호환적이다. 110볼트용 전자 제품은 우리나라의 220볼트 전력체계에서 작동이 안되므로 이 전자 제품과 우리나라의 전력체계는 비호환적이다.

2. 안드로이드에서 작동되는 앱 중에서 일부분은 애플 아이폰에서 작동될 수 있다. 이와 같이 한 브랜드가 전부는 아니고 부분적으로 다른 브랜드에서 작동하는 경우에 부분호환성이 있다고 한다.

3. 제시된 메일들은 호환성이 있다. 한 공급자의 가입자가 증가할수록 다른 공급자에 가입한 개별 가입자의 효용은 증가하므로 망외부성이 존재한다. 그러나 매우 특별한 경우에 한 공급자가 해커 공격으로 바이러스를 발생시킨다면, 다른 공급자들은 이 공급자의 이메일을 막아놓을 수 있는데 이런 경우에는 망외부성이 (일시적으로) 존재하지 않을 수 있다.

4. 한 메신저 프로그램 가입자는 그 프로그램 가입자와는 음성 또는 화상통화나 채팅에 있어서 제약이 없으므로 망외성이 존재하나, 다른 메신저와는 비호환적이므로 망외부성이 존재하지 않는다. Gmail의 채팅(음성 또는 화상 통화) 프로그램은 Zoom과 화상 통화를 할 수 없으므로 두 프로그램 사이에는 망외성이 없다.

5. 1) 안드로이드 스마트폰(아이폰) 이용자는 안드로이드 뮤직사이트(애플 뮤직 사

이트)에서만 음원을 다운로드 받을 수 있기 때문에 각 뮤직사이트의 매출은 해당 스마트폰을 이용하는 소비자의 수에 의해서 결정된다. 음반사는 안드로이드 뮤직사이트(애플 뮤직사이트)의 안드로이드 스마트폰 이용자(아이폰 이용자)의 숫자에 따라서 공급할 음원 수를 결정한다. 그 이유는 음원 보유자(음반사 등)들이 수익을 내기 위해서 안드로이드 뮤직사이트와 애플 뮤직사이트의 가입자 규모를 따지기 때문이다. (현실적으로 음반사나 음원 보유자는 두 뮤직사이트에 음원을 판매하지만 이 문제는 비호환성을 가정하여 문제를 생각하고 있음을 이해해야 한다.)

2) 안드로이드 스마트폰 가격이 상승하면 안드로이드 스마트폰 구매자가 감소하고 이는 안드로이드 뮤직사이트의 음원 다운로드를 감소시킨다. 결과적으로 안드로이드 뮤직사이트 음원 숫자를 감소시킨다.

3) 안드로이드 스마트폰 CEO의 조치는 안드로이드 스마트폰 이용자에게 피해를 줄 수도 있다. 이 조치로 안드로이드 스마트폰 이용자는 안드로이드 뮤직사이트와 애플 뮤직사이트에 있는 음원을 모두 다운로드 받을 수 있다. 음원 보유자(음반사 등)는 안드로이드 뮤직사이트보다는 애플 뮤직사이트에 더 많은 음원을 올리려 할 것이다. 왜냐하면 안드로이드 뮤직사이트에 음원을 올리면 안드로이드 스마트폰 이용자만 다운로드 받지만 애플 뮤직사이트에 음원을 올리면 아이폰 이용자뿐만 아니라 안드로이드 스마트폰 이용자도 다운로드 할 수 있기 때문이다.

4) 위 3)과 같은 논리이다.

6. 1) 한계소비자($\hat{\theta}$)는 구매하는 것과 구매하지 않는 것에 무차별하게 여기므로 $\hat{\theta}S + eQ - P = 0$이다. 따라서 $\hat{\theta} = \dfrac{P - eQ}{S}$이다. 판매량은 $Q = 1 - \hat{\theta}$이므로 시장수요 함수는 $Q = \dfrac{S}{S-e} - \dfrac{P}{S-e}$이고 역수요함수는 $P = S - (S-e)Q$이다. 수요의 법칙을 위해서 $e < S$이다.

2) 독점기업의 이윤은 $\pi = (S - (S-e)Q - S^2)Q$. 이윤극대화 조건 $\dfrac{\partial \pi}{\partial Q} = S - 2(S-e)Q - S^2 = 0$과 $\dfrac{\partial \pi}{\partial S} = (1 - 2S - Q)Q = 0$에서 최적 판매량과 품질 수준은 다음과 같다: ($Q > 0$을 위해서 $S < 1/2$이다. 따라서 $e < S < \dfrac{1}{2}$)

$Q^* = \dfrac{1}{3}(2(1-2e) + \sqrt{4(1-2e)^2 - 3})$, $S^* = \dfrac{1}{6}\left((1+4e) - \sqrt{4(1-2e)^2 - 3}\right)$.

($e < \dfrac{2-\sqrt{3}}{4} < \dfrac{1}{2}$)

망외부성 정도의 판매량과 품질 수준에 대한 효과를 분석하기 위해서 각 해를 망외부성 정도(e)에 대해서 미분하면, $\dfrac{dQ^*}{de} = \dfrac{4}{3}\left(-1 - \dfrac{2(1-2e)}{\sqrt{4(1-2e)^2 - 3}}\right) < 0$, $\dfrac{dS^*}{de} = \dfrac{4}{3}\left(1 + \dfrac{2(1-2e)}{\sqrt{4(1-2e)^2 - 3}}\right) > 0$.

$\dfrac{dQ^*}{de} < 0$이므로 망외부성 정도(e)가 증가함에 따라서 독점기업의 판매량은 감소한다.

$\dfrac{dS^*}{de} > 0$이므로 망외부성 정도(e)가 증가함에 따라서 독점기업의 품질 수준은 높아진다.

7. 1) 먼저 $\hat{x} = 0$이면 모든 소비자가 2기업 제품을 구매하는 상태로 $n_1 = 0$, $n_2 = 1$이며, $P_2 - P_1 < t - k$이다. $\hat{x} = 1$이면 모든 소비자가 1기업 제품을 구매하는 상태로 $n_1 = 0$, $n_2 = 1$이며, $P_2 - P_1 < -(t-k)$이다. 문제에서처럼 $0 < \hat{x} < 1$인 경우에 일부 소비자는 1기업으로부터, 나머지 소비자는 2기업으로부터 구매한다. 한계소비자 $\hat{x}$은 $R + kn_1 - t\hat{x} - P_1 = R + kn_2 - t(1-\hat{x}) - P_2$를 만족하며 $\hat{x} = n_1$ $(n_2 = 1 - n_1)$이다. 따라서 각 기업에 대한 수요는 다음과 같다: $n_1 = \dfrac{1}{2} + \dfrac{-P_1 + P_2}{2(t-k)}$, $n_2 = \dfrac{1}{2} + \dfrac{P_1 - P_2}{2(t-k)}$.

2) 각 기업의 이윤함수는 다음과 같다: $\pi_1 = P_1 \left(\dfrac{1}{2} + \dfrac{-P_1 + P_2}{2(t-k)} \right)$, $\pi_2 = P_2 \left(\dfrac{1}{2} + \dfrac{P_1 - P_2}{2(t-k)} \right)$. 이윤극대화에 따라서 내쉬균형 가격은 $P_1^* = P_2^* = (t-k)(>0)$이고, 이윤은 $\pi_1^* = \pi_2^* = (t-k)/2 \, (>0)$이다.

망외부성 정도(k)가 증가함에 따라서 가격과 이윤은 감소한다($\dfrac{dP_i^*}{dk} = -1 < 0$, $\dfrac{d\pi_i^*}{dk} = -\dfrac{1}{2} < 0$). 망외부성 정도가 증가하면, 각 소비자의 소비로 다른 소비자의 지불의향을 증가시키므로, 기업들은 추가 소비자를 얻는 것이 이윤 증가에 기여하므로 소비자 모시기 경쟁이 치열해져서 가격을 낮춘다.

양면시장과 플랫폼기업

1. 1) TV홈쇼핑시장: 플랫폼기업은 현대홈쇼핑, GSShop, 롯데홈쇼핑 등. 소비자는 구매자, 판매자는 입주한 판매상(의류, 식품, 화장품 등). 소비자 수수료는 영. 판매상 수수료는 매출액의 약 30%. 2) 결혼중매시장: 가연, 디노블 (나이, 학력, 직장, 연봉 등에 따라 가입비는 다양하다. 예, 5회 만남에 가입비 500만원. 남녀 차이 많다).

2. (이 문제는 부록 2를 공부한 후에 시도 권장)

1) (a) 한계소비자 $\hat{x}$의 $V_c^1 = V_c^2$를 만족하는 방정식은 다음과 같다($\hat{x} = n_c^1$을 대입);

$$b_c n_s^1 - P_c^1 - t_c n_c^1 = b_c(1-n_s^1) - P_c^2 - t_c(1-n_c^1). \quad \cdots\cdots\cdots\cdots\cdots\cdots\text{식 1}$$

(b) 한계판매자 $\hat{y}$의 $V_s^1 = V_s^2$을 만족하는 방정식은 다음과 같다($\hat{y} = n_s^1$을 대입);

$$b_s n_c^1 - P_s^1 - t_s n_s^1 = b_s(1-n_c^1) - P_s^2 - t_s(1-n_s^1). \quad \cdots\cdots\cdots\cdots\cdots\cdots\text{식 2}$$

식 1과 식 2에서 n_c^1과 n_s^1에 대한 동시적 해를 구하면 각 수요는 다음과 같다:

$$n_c^1 = \frac{1}{2} - \frac{1}{2A}(t_s(P_c^1 - P_c^2) + b_c(P_s^1 - P_s^2)), \ n_c^2 = 1 - n_c^1, \ \text{그리고}$$

$$n_s^1 = \frac{1}{2} - \frac{1}{2A}(b_s(P_c^1 - P_c^2) + t_c(P_s^1 - P_s^2)), \ n_s^2 = 1 - n_s^1, \ \text{여기서 } A = t_c t_s - b_c b_s.$$

2) 플랫폼기업1 이윤의 P_c^1과 P_s^1에 대한 1차식과 플랫폼기업2 이윤의 P_c^2와 P_s^2에 대한 1차식은 다음과 같다;

$$\frac{\partial \pi^1}{\partial p_c^1} = n_c^1 + (P_c^1 - C_c)(\frac{-t_s}{2A}) + (P_s^1 - C_s)(\frac{-b_s}{2A}) = 0, \quad \cdots\cdots\cdots\cdots\cdots\text{식 3}$$

$$\frac{\partial \pi^1}{\partial p_s^1} = (P_c^1 - C_c)(\frac{-b_c}{2A}) + n_s^1 + (P_s^1 - C_s)(\frac{-t_c}{2A}) = 0, \quad \cdots\cdots\cdots\cdots\cdots\text{식 4}$$

$$\frac{\partial \pi^2}{\partial p_c^2} = n_c^2 + (P_c^2 - C_c)(\frac{-t_s}{2A}) + (P_s^2 - C_s)(\frac{-b_s}{2A}) = 0, \quad \cdots\cdots\cdots\cdots\cdots 식 5$$

$$\frac{\partial \pi^2}{\partial p_s^2} = (P_c^2 - C_c)(\frac{-b_c}{2A}) + n_s^2 + (P_s^2 - C_s)(\frac{-t_c}{2A}) = 0. \quad \cdots\cdots\cdots\cdots\cdots 식 6$$

식 3과 식 5는 대칭적이므로 $P_c^1 = P_c^2$이다. P_c^1과 P_c^2에 P_c^*를 대입하면 두 식은 동일하며 이를 식A라 한다. 마찬가지로 식 4와 식 6은 대칭적이므로 $P_s^1 = P_s^2$이다. P_s^1과 P_s^2에 P_s^*를 대입하면 두 식은 동일하며 이를 식B라 한다. 식A와 B에서 P_c^*와 P_s^*에 대한 해를 구하면 $P_c^1 = P_c^2 = P_c^* = t_c + C_c - b_s$와 $P_s^1 = P_s^2 = P_s^* = t_s + C_s - b_c$이다.

3) t_c 또는 C_c가 b_s보다 크거나 같으면 소비자 가격은 양수 또는 0(무료)이다. 그러나 b_s가 t_c 또는 C_c보다 크면 음수이며 보조금(사은품 등)을 의미한다. 소비자 균형 가격(P_c^*)은 판매상의 교차망외부성이 큰 경우에 음수가 될 수 있다. 판매자 균형 가격(P_s^*)도 마찬가지이다. 결과적으로 소비자 가격은 음수, 판매자 가격은 양수일 수도 있으며 현실적으로 이윤극대화에 부합한다. 그 음수와 양수 조합은 반대의 경우도 가능하다.

3. 1) 한계 소비자 $\hat{x}_i$는 $U_i = v + bn_T - t\hat{x}_i - p = 0$을 만족하므로 $\hat{x}_i = \frac{v + bn_T - p}{t}$. 여기서 $\hat{x}_i = n_B$이므로 $n_B = \frac{v + bn_T - p}{t}$. 한계 콘텐츠 공급자 $\hat{y}_i$는 $\pi_j = an_B - f\hat{y}_i - s = 0$을 만족하므로 $\hat{y}_j = \frac{an_B - s}{f}$이고 $\hat{y}_i = n_T$이므로 $n_T = \frac{an_B - s}{f}$. $n_B = \frac{v + bn_T - p}{t}$와 $n_T = \frac{an_B - s}{f}$의 동시적 해를 구하면 $n_B(p, s) = \frac{f(v-p) - bs}{ft - ab}$이고 $n_T(p, s) = \frac{a(v-p) - ts}{ft - ab}$이다.

2) 이윤극대화 조건 $\frac{\partial \pi^M}{\partial p} = f(v+c) - 2fp - (a+b)s = 0$과 $\frac{\partial \pi^M}{\partial s} = av + bc - (a+b)p - 2ts = 0$에서 $p^M = \frac{(2ft - ab)(v+c) - b^2c - a^2v}{4ft - (a+b)^2}$과 $s^M = \frac{f(a-b)(v-c)}{4ft - (a+b)^2}$이고, $\pi^M = \frac{f(v-c)^2}{4ft - (a+b)^2}$이다.

3) 이 경우에 독점 플랫폼기업의 이윤은 $\pi = (p-c)n_B(p, s)$이다. 이윤극대화 1차조건에 의해서 해는 다음과 같다:
$p^N = \frac{v+c}{2}, \pi^N = \frac{f(v-c)^2}{4(ft - ab)}$.

비교 만약에 $a > b$라면(즉, 콘텐츠 공급자가 가입자로부터 얻는 교차망외부성 정도가 소비자가 콘텐츠 공급자로부터 얻는 교차망외부성 정도가 더 크다면) 독점 플랫폼 기업의 사적 이윤극대화 소비가 가입비(p^M)는 망 중립성 정책에 의한 소비자 가입비(p^N)보다 더 높다: $p^M > p^N$. 독점 플랫폼 기업의 사적 이윤은 망외부성 정책에서 얻는 이윤보다 더 크다: $\pi^M > \pi^N$. (그럼에도 불구하고 망중립성 정책이 사회적으로 더 열등한지는 소비자잉여를 포함한 사회후생을 비교해야 한다. 이는 다소 복잡한 수학적 작업이 요구되므로 여기서는 생략한다.)

광고이론

1. 설득광고는 광고를 접한 소비자가 제품에 가치를 더 부여하게 하는 광고이다. 광고는 인위적으로 광고 제품에 대한 수요를 증가시켜서 소비자의 진실한 선호를 왜곡하고, 광고비용에 의해서 상승한 가격에서 소비자들이 원치 않는 수량을 구매하도록 유인하기 때문에 광고에 지출된 자원은 낭비이며 비효율성을 유발한다. 이에 비해서, 정보제공 광고는 소비자에게 정보를 제공하는 수단으로서의 광고를 말한다. 동일한 제품에 대해 가격 차이가 존재하는데 이는 제품의 존재, 가격, 품질의 정보를 획득하는데 비용이 소요되기 때문이다. 정보제공 광고는 이러한 소비자의 탐색비용을 줄이고 가격분포를 축소시키기 때문에 가치 있는 정보이다. 광고가 설득적이라면 제품차별화를 유발하고 시장지배력을 확대시키고 진입저지 효과를 보이는 반면에, 광고가 정보제공적이면 제품차별화를 감소시키고 경쟁을 활성화하며, 신규 기업의 진입 장벽을 낮추는 역할을 한다. TV광고는 신문 광고에 비해서 상대적으로 주로 제품의 존재를 알리고 정보가 별로 없는 설득 광고인 반면에, 신문 광고는 TV광고에 비해서 상대적으로 정보제공적이다. 모든 소비자가 합리적이고 완전정보를 보유한다면 설득광고와 정보제공 광고는 동일한 효과를 가져올 것이다.

2. 설득광고는 인위적으로 제품에 대한 수요를 증가시킨다. 광고를 본 소비자는 해당 제품에 대한 충성도가 높아지게 되어 제품 차별화 효과가 발생한다.

3. $\pi = A^{\varepsilon_a} P^{-\varepsilon_p+1} - cA^{\varepsilon_a} P^{-\varepsilon_p} - A$

1) $\dfrac{d\pi}{dP} = (-\varepsilon_p+1)A^{\varepsilon_a} P^{-\varepsilon_p} + c\varepsilon_p A^{\varepsilon_a} P^{-\varepsilon_p-1} = 0. \rightarrow P = \dfrac{\varepsilon_p}{\varepsilon_p-1}c.$

$\rightarrow \dfrac{P-c}{P} = \dfrac{1}{\varepsilon_p}$ ··· 식 1

$\dfrac{d\pi}{dA} = \varepsilon_a A^{\varepsilon_a-1} P^{-\varepsilon_p+1} - c\varepsilon_a A^{\varepsilon_a-1} P^{-\varepsilon_p} - 1 = 0. \rightarrow A = (\varepsilon_a P^{-\varepsilon_p}(P-c))^{\frac{-1}{\varepsilon_a-1}}$

$$\rightarrow \frac{P-c}{P} = \frac{1}{P\varepsilon_a A^{\varepsilon_a -1}P^{-\varepsilon_p}} \quad\cdots\cdots\cdots\cdots\cdots\cdots \text{식 2}$$

2) 식1과 2를 정리하면 다음과 같은 Dorfman—Steiner조건을 도출할 수 있다: $\dfrac{A}{PQ} = \dfrac{\varepsilon_a}{\varepsilon_p}$.

4. 이 문제는 [그림 5-3]과 이에 대한 설명을 참고해야 한다. 두 주체의 광고지출비를 비교하기 위해서는 동일한 생산량에서 비교해야 하므로 편의상 독점의 이윤극대화 생산량을 기준으로 한다. 이를 Q_m이라 하자. 독점기업은 Q_m에서 한계 광고비는 ab만큼 증가하는 것이므로 광고지출비는 $cdba$이다. Q_m에서 사회계획가의 광고지출비는 infra-marginal 소비자의 광고비 지불의향과 광고비지출비이므로 eba이다. $eba < cdba$이므로 동일한 생산량에서 독점기업은 사회계획가보다 더 많은 광고비를 지출하려고 한다.

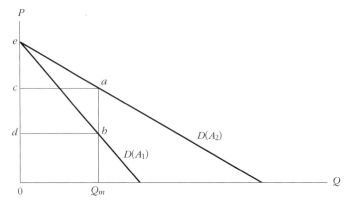

5. $P_i = a + u(A_i + vA_j) - b(q_i + nq_j)$; $C(A_i) = A_i + dA_i^2$; $\pi_i = (P_i - c)q_i - C(A_i)$

1) $v = n = 0$를 대입.

$\dfrac{d\pi}{dq} = a + uA - 2bq - c = 0$; $\dfrac{d\pi}{dA} = uq - 1 - 2dA = 0$. 두 식을 동시에 풀면,

$$q_{1m} = \frac{2d(a-c)-u}{4bd-u^2}; \quad A_{1m} = \frac{u(a-c)-2b}{4bd-u^2}$$

2) (매우 어려움)

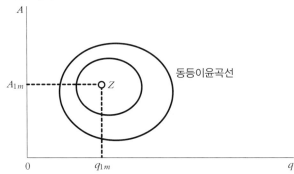

Z에서 독점의 이윤이 극대화 달성된다. 동등이윤곡선은 $(q_{1m},\ A_{1m})$이 아닌 다른 $(q,\ A)$의 조합으로서 동일한 수준의 이윤을 가져다 점들의 집합으로 Z 주변에 있는 원형 모양이다. 동등이윤곡선은 무차별곡선과 유사한 개념이다. Z에서 멀리 있는 원형 동등이윤곡선의 이윤은 더 낮다.

3) (매우 어려움) 개념적인 설명만 한다.

$$\pi_1 = (a - c + u(A_1 + vA_2) - b(q_1 + nq_2))q_1 - (A_1 + dA_1{}^2);$$
$$\pi_2 = (a - c + u(A_2 + vA_1) - b(q_2 + nq_1))q_2 - (A_2 + dA_2{}^2).$$

주어진 $(q_1,\ A_1)$에서 잠재기업의 이윤극대화 $(q_2^*,\ A_2^*)$는 $\dfrac{\partial \pi_2}{\partial q_2} = \dfrac{\partial \pi_2}{\partial A_2} = 0$에서 얻으며, 이를 $q_2^* = f(q_1,\ A_1);\ A_2^* = g(q_1,\ A_1)$라 하자. 1기업은 $\pi_2^* = (a - c + u(A_2^* + vA_1) - b(q_2^* + nq_1))q_2^* - (A_2 + d(A_2^*)^2) \leq 0$의 제약조건 하에서 자신의 이윤($\pi_1 = (a - c + u(A_1 + vA_2^*) - b(q_1 + nq_2^*))q_1 - (A_1 + dA_1^2)$)을 극대화하는 $(q_1^*,\ A_1^*)$을 선택한다.

6. 1) 0.868%

2) 내구성(DUR)이 높을수록 광고지출 비중은 0.0146만큼 감소하고, 진입장벽 (BAR)이 높을수록 광고지출 비중은 0.0176만큼 감소한다.

7. 1) 2.48($N = \dfrac{10,000}{HHI}$, 여기서 HHI는 (점유율×100%)의 제곱의 합이다). 허핀달 지수는 점유율의 제곱의 합으로 계산하기도 하는데, 이 경우에 동등기업수와 허핀달 지수는 $N = \dfrac{1}{HHI}$의 관계를 보인다.

2) 기업 수가 2.48개보다 더 적은 경우에 집중률이 증가하면 수익률이 증가하고, 기업 수가 2.48개보다 더 큰 경우에 집중률이 증가하면 수익률은 감소한다.

산업조직과 국제무역

1. 제8장 제1절 **❶**참조. $P=A-Q$, $Q=Q_k+Q_j$

  1) $\pi_k=(A-(Q_k+Q_j))Q_k-C_OQ_k$; $\pi_j=(A-(Q_k+Q_j))Q_j-C_OQ_j$

    k기업 반응함수: $Q_k=\dfrac{A-C_O}{2}-\dfrac{Q_j}{2}$; j기업 반응함수: $Q_j=\dfrac{A-C_O}{2}-\dfrac{Q_k}{2}$

    쿠르노 – 내쉬 생산량: $Q_k^c=\dfrac{A-C_O}{3}=Q_j^c$; 산업 생산량; $Q=Q_k^c+Q_j^c=$
    $\dfrac{2(A-C_O)}{3}$.

    시장가격: $P=A-(Q_k^c+Q_j^c)=\dfrac{A+2C_O}{3}$; 이윤: $\pi_k=\dfrac{(A-C_O)^2}{9}=\pi_j$

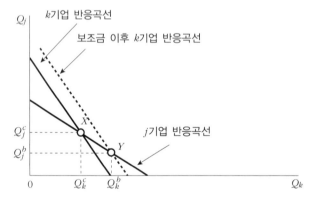

  2) 한국 k사는 스택클버그 선도자, 일본 j사는 스택클버그 추종자: 1)에서 구한
    j사의 반응함수를 π_k에 대입하여 $\left(\pi_k=\left(\dfrac{A-C_O}{2}-\dfrac{Q_k}{2}\right)Q_k\right)$ 최적 Q_k를 구한다.
    $Q_k^l=\dfrac{A-C_O}{2}$, 그리고 Q_k^l을 j사 반응함수에 대입하여 j사의 생산량을 구한다.
    $Q_j^f=\dfrac{A-C_O}{4}$. 스택클버그 모형의 산업 생산량은 $Q^s=Q_k^l+Q_j^f=\dfrac{3(A-C_O)}{4}$;
    가격은 $P^s=\dfrac{A+3C_O}{4}$. 스택클버그 선도기업 k사 이윤, $\pi_k=\dfrac{(A-C_O)^2}{8}$; 추종
    기업 j사 이윤, $\pi_j=\dfrac{(A-C_O)^2}{16}$.

  3)~4) $\pi_k=(A-(Q_k+Q_j))Q_k-C_OQ_k+SQ_k$; $\pi_j=(A-(Q_k+Q_j))Q_j-C_OQ_j$.

k사 반응함수: $Q_k = \dfrac{A - C_o}{2} + \dfrac{S}{2} - \dfrac{Q_j}{2}$; j기업 반응함수: $Q_j = \dfrac{A - C_o}{2} - \dfrac{Q_k}{2}$; 따라서 j사 반응곡선은 그대로인데, k사 반응곡선은 위 그림의 점선처럼 S만큼 위로 이동한다. 균형은 X에서 Y로 이동하여, k사 생산량은 증가, j사 생산량은 감소한다. $Q_k^b = \dfrac{A - C_o}{3} + \dfrac{2S}{3}$; $Q_j^b = \dfrac{A - C_o}{3} - \dfrac{S}{3}$; 산업 생산량; $Q^b = Q_k^b + Q_j^b = \dfrac{2(A - C_o)}{3} + \dfrac{S}{3}$. 가격 $P^b = \dfrac{A + 2C_o}{3} - \dfrac{S}{3}$ 각 기업 이윤: $\pi_k^b = \left(\dfrac{A - C_o}{3} + \dfrac{2S}{3}\right)^2$; $\pi_j^b = \left(\dfrac{A - C_o}{3} - \dfrac{S}{3}\right)^2$.

한국 정부의 보조금 지출 유인 여부: 한국 정부는 사회계획가로서 순 사회후생을 극대화하는 보조금(S)을 선택하려 한다. 순 사회후생은 다음과 같이 k사 이윤에서 보조금 지출액을 뺀 차액이다. $W = \pi_k^b - SQ_k^b$: 최적 S는 $\dfrac{dW}{dS} = \dfrac{A - C_o}{9} - \dfrac{4S}{9} = 0$에서 $S^b = \dfrac{A - C_o}{4} > 0$이다(여기서, 한국의 사회후생은 한국 기업의 이윤과 한국 정부의 보조금 비용만 고려한다. 소비는 중국에서 발생하므로 한국의 소비자잉여는 고려할 필요가 없다). 이를 다시 k사 이윤함수와 후생에 대입하면 기업이윤에서 보조금 비용을 뺀 순 사회후생이 영보다 크므로 한국 정부는 k사에 수출보조금을 지출할 유인이 존재한다. S^b를 Q_k^b, Q_j^b, P^b, π_k^b에 대입한 결과를 2)의 스택클버그 결과와 비교하면, 둘은 동일함을 확인할 수 있다. 즉, 한국 정부의 수출 보조금 발표는 k사로 하여금 중국시장에서 스택클버그 선도자로 만드는 결과를 가져온다.

5) 계산은 그리 어렵지 않으나 해석에 다소 어려운 측면 있음. 3)~4)를 참고하여 k와 j기업은 각 정부로부터 S_k와 S_j의 보조금을 받으므로 각 기업 이윤함수는 다음과 같다: $\pi_k = (A - Q_k - Q_j)Q_k - C_oQ_k + S_kQ_k$; $\pi_j = (A - Q_k - Q_j)Q_j - C_oQ_j + S_jQ_j$. 2단계 게임 진행.

① 제2단계에서 각 기업은 주어진 보조금에서 쿠르노 경쟁으로 이윤극대화 생산량 도출. $\dfrac{\partial \pi_k}{\partial Q_k} = A - 2Q_k - Q_j - C_o + S_k = 0$; $\dfrac{\partial \pi_j}{\partial Q_j} = A - Q_k - 2Q_j - C_o + S_j = 0$. $\rightarrow Q_k^m = \dfrac{1}{3}(A - C_o + 2S_k - S_j)$, $Q_j^m = \dfrac{1}{3}(A - C_o - S_k + 2S_j)$. 이에 따라서 $Q_m = \dfrac{1}{3}(2(A - C_o) + S_k + S_j)$, $P_m = \dfrac{1}{3}(A + 2C_o - S_k - S_j)$, $\pi_k^m = \dfrac{1}{9}(A - C_o + 2S_k - S_j)^2$, $\pi_j^m = \dfrac{1}{9}(A - C_o - S_k + 2S_j)^2$.

② 각국의 (순)후생함수: $W_k = \pi_k^m - S_kQ_k^m$, $W_j = \pi_j^m - S_jQ_j^m$. 제1단계에서 각국 정부는 각 기업의 생산량을 알고 있다는 가정하에 각 국가의 후생극대화 보조금을 아래와 같이 선택한다: $\dfrac{\partial W_k}{\partial S_k} = \dfrac{1}{9}(A - C_o - 4S_k - S_j) = 0$, $\dfrac{\partial W_j}{\partial S_j} = \dfrac{1}{9}(A - C_o - S_k - 5S_j) = 0$ $\rightarrow S_k^m = S_j^m = \dfrac{A - C_o}{5}$. 이를 ①에서 얻은 수량, 가격, 이윤에 대입하면 $Q_k^m = \dfrac{2}{5}(A - C_o)$, $Q_j^m = \dfrac{2}{5}(A - C_o)$, $Q_m = \dfrac{4}{5}(A - C_o)$, $P_m = \dfrac{A + 4C_o}{5}$,

$$\pi_k^m = \pi_j^m = \frac{4}{25}(A-C_0)^2. \text{ 최종적으로 } W_k^m = W_j^m = \frac{2}{25}(A-C_0)^2.$$

해석 ① 보조금이 없는 경우에 균형점은 앞의 그림에서 X에 있다. 각 정부의 보조금 지급으로 두 기업의 반응곡선은 모두 우측으로 이동하므로 새로운 균형은 X점에서 45도 방향 우측에서 발생(그림에 표시 안 함)하므로 보조금 때문에 두 기업 생산량과 산업 생산량 증가한다. 시장가격은 하락하는데, 개별 기업 생산량 증가보다 더 많이 하락하여 이윤은 감소할 것이나, 보조금 수입이 이를 만회하여 각 기업의 보조금 포함한 이윤은 보조금이 없는 경우의 이윤보다 증가한다. ($\pi_k^m = \pi_j^m$는 답1)의 이윤($\pi_k = \pi_j = \frac{1}{9}(A-C_0)^2$)보다 큼). ② 각 국가의 순사회후생은 모두 보조금이 없는 경우보다 오히려 감소한다. ($W_k^m = W_j^m < \pi_k = \pi_j = \frac{1}{9}(A-C_0)^2$) (여기서 두 국가 모두 보조금이 없는 경우 각 국가의 순후생은 각 기업의 이윤($\pi_k = \pi_j$)이므로 각 국가가 보조금 지급하는 경우 순사회후생($W_k^m = W_j^m$)과 $\pi_k = \pi_j$를 비교한다. ③ 답4)에서 j국가는 보조금 정책이 없고 k국가만 보조금 지급하는 경우에, k사 이윤과 순사회후생이 증가하는데 이는 j사를 희생으로 k사가 전략적 우위를 차지하여 이윤과 순사회후생이 증가하기 때문이다. 그러나 두 국가 모두 보조금 지급을 하면 이러한 전략적 우위는 사라지고, 두 국가 순사회후생 감소하는 열등한 결과를 초래한다.

2. 1) $\pi_1 = (a - c - (q_1 + x_2))q_1 + (a - c - t - (q_2 + x_1))x_1$; 1국가 내의 수요는 $P_1 = a - (q_1 + x_2)$이고 판매량 q_1에 대한 한계비용은 c이므로 첫 번째 괄호는 1국가 내에서 1기업이 얻는 이윤이다. 1기업이 2국가에서 직면하는 수요는 $P_2 = a - (q_2 + x_1)$이고 한계비용 c와 수출에 따른 수송비 t가 비용이므로 두 번째 괄호는 2국가 내에서 1기업이 얻는 이윤이다.

2국가의 2기업 이윤도 이와 유사하게 다음과 같이 작성한다:

$$\pi_2 = (a - c - (q_2 + x_1))q_2 + (a - c - t - (q_1 + x_2))x_2.$$

2) 1국가 내에서 1기업의 q_1과 2기업의 x_2는 쿠르노 선택 변수이다.

$$\frac{\partial \pi_1}{\partial q_1} = a - c - 2q_1 - x_2 = 0; \quad \frac{\partial \pi_2}{\partial x_2} = a - c - t - q_1 - 2x_2 = 0; \quad \cdots\cdots\cdots\cdots 식 1$$

여기서 q_1과 x_2에 대한 반응곡선을 그리면 아래와 같고, 비대칭적 해를 가져온다. $a - c > 2t$를 가정한다.

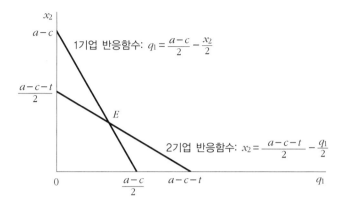

2국가 내에서 2기업의 q_2와 1기업의 x_1은 쿠르노 선택 변수이다:

$$\frac{\partial \pi_1}{\partial x_1} = a - c - t - q_2 - 2x_1 = 0; \quad \frac{\partial \pi_2}{\partial q_2} = a - c - 2q_2 - x_1 = 0; \quad \cdots\cdots\cdots\cdots 식\ 2$$

식 2에서 반응함수를 도출하면, 위의 반응곡선과 유사하게 그릴 수 있다.

3) 식 1과 식 2는 모두 4개의 방정식이며, 네 개의 변수를 가지고 있으므로, 해를 구할 수 있다. 식 1과 식 2에서 $q_1 = q_2 = q$이고 $x_1 = x_2 = x$이므로 실제로 두 개의 방정식(식 1의 두 방정식 또는 식 2의 두 방정식)에서 q와 x의 해를 다음과 같이 구한다: $q = \frac{1}{3}(a - c + t)$; $x = \frac{1}{3}(a - c - 2t)$; 각 기업의 총 생산량(내수 판매량과 수출량)은 $q + x = \frac{1}{3}(2(a - c) - t)$, 각 국가에서 가격은 $P = \frac{1}{3}(a + 2c + t)$, 각 기업의 이윤은 $\pi = \frac{1}{9}((a - c + t)^2 + (a - c - 2t)^2)$, 각 국가 소비자 잉여는 $CS = \frac{1}{18}(2(a - c) - t)^2$; 각 국가의 사회후생은 이윤+소비자잉여이다. 각 변수에 대한 t의 효과는 각 변수를 t에 대해서 미분하여 그 부호를 해석하면 된다. 예를 들어, 수출 수송비(t)가 한 단위 상승하면, q(국내소비)는 $\frac{1}{3}$단위 증가하고 x(수출량)는 $\frac{2}{3}$단위 감소하며, 총 생산량은 $\frac{1}{3}$단위 감소한다. t의 상승은 소비자잉여를 감소시키나, 이윤은 $a - c > 5t$구간에서는 감소하고, $2t < a - c < 5t$구간에서는 증가한다. 사회후생은 $a - c > \frac{11}{4}t$구간에서는 감소하고, $2t < a - c < \frac{11}{4}t$구간에서는 증가한다.

4)~5) 식 1 또는 식 2에서 $\frac{\partial \pi_1}{\partial q_1} = a - c - 2q_i = 0$이 되므로($t = 0$), 각 기업의 생산량은 $q = \frac{1}{2}(a - c)$이다. 각 기업의 총생산량은 감소하고, 가격은 상승한다. 소비자 잉여와 이윤은 감소한다. 즉, 두 국가 사이의 교역이 사라지면 소비자잉여, 기업 이윤, 사회후생은 감소한다.

3. $t = 0$; 1국가의 수요함수는 $P_1 = a - (q_1 + X)$가 되고, 2국가 수요는 그대로이다. ($P_2 = a - (q_2 + x_1)$). 여기서 X는 선택변수가 아니라 외생변수이다.

1) 1기업 이윤함수: $\pi_{1X} = (a - c - (q_1 + X))q_1 + (a - c - (q_2 + x_1))x_1$;

2기업 이윤함수: $\pi_{2X}=(a-c-(q_2+x_1))q_2+(a-c-(q_1+X))X$.

1기업 이윤함수에서 $q_{1X}=\frac{1}{2}(a-c-X)$, $P_{1X}=\frac{1}{2}(a+c-X)$.

2기업 이윤함수에서 $q_{2X}=x_{1X}=\frac{1}{3}(a-c)$; $P_{2X}=\frac{a+2c}{3}$. 1기업 수출량은 $x_{1X}=\frac{1}{3}(a-c)$이다. 2기업의 수출량은 X이다.

따라서 1기업 총 생산량은 $q_{1X}+x_{1X}=\frac{5(a-c)}{6}-\frac{X}{2}$;

2기업 총 생산량은 $q_{2X}+X=\frac{1}{3}(a-c)+X$.

$\pi_{1X}=\left(\frac{a-c-X}{2}\right)^2+\left(\frac{a-c}{3}\right)^2$; $\pi_{2X}=\left(\frac{a-c}{3}\right)^2+\left(\frac{a-c-X}{2}\right)X$.

1국가의 소비자잉여는 $CS_{1X}=\frac{1}{8}(a-c-X)(a-c+X)$;

2국가의 소비자잉여는 $CS_{2X}=\frac{2}{9}(a-c)(a+2c)$이다.

1국가의 사회후생은 $\pi_{1X}+CS_{1X}$이고 2국가의 사회후생은 $\pi_{2X}+CS_{2X}$이다.

2) 위 2의 3)에서 구한 해에 $t=0$을 대입하여 각 변수의 값을 구하여 이를 위 3의 1)에서 구한 변수 값과 비교한다. 문제에 주어진 바와 같이 $X<\frac{a-c}{3}$를 가정한다. 여기서는 일부만 비교한다. 쿼터를 부과한 경우에 1기업의 내수 생산량은 더 크다($q_{1X}>q$). 쿼터를 부과한 경우에 1국가의 가격은 더 올라 간다($P_{1X}>P$). 쿼터를 부과한 경우에 1기업 이윤은 증가($\pi_{1X}>\pi$)하는데 반 해서 2기업 이윤은 감소($\pi_{2X}<\pi$)한다. 다른 변수에 대한 비교는 독자들이 시도하기 바란다.

4. 위 문제 1의 3)에서 한 국가가 자국 기업에 전략적 무역정책을 실행하고 다른 국가는 자유 방임적인 경우에 전략적 무역정책을 실행한 기업 이윤은 증가하 고 그 국가의 사회후생도 증가하는데 반해서 상대방 국가의 이윤(그리고 사회 후생)은 감소함을 보았다. 한 국가는 상대방 국가가 전략적 무역정책을 펴지 않는 한 상대방 국가를 희생하여 이득을 얻을 수 있다. 그러나 5)에서 보듯이 두 국가가 모두 동일한 전략적 무역정책을 펴는 경우에 두 기업의 이윤은 증 가하나 각 국가의 사회후생은 감소한다. 전략적 무역정책은 모든 국가가 실시 하게 되면, 모든 국가가 더 나빠지는 결과를 초래하는 정책이라는 점을 인식 할 필요가 있다. 후발 국가들은 목표로 삼은 산업에서 비교우위를 확보할 때 까지 이 정책을 시행하여 성공할 수 있으므로 한시적으로 활용할 가치가 있다 고 볼 수 있다. 그럼에도 불구하고 경쟁에 관련된 모든 국가들이 무분별하게 실행하는 것을 막고 신중하게 도입할 필요가 있다.

5. 1) R&D 지출 이전에 기업 이윤함수는 다음과 같다: $\pi_i=(a-Q_i-Q_j-C_0)Q_i$,

여기서 i, $j=1$, 2, $i \neq j$이다. 각 기업의 쿠르노-내쉬 균형 생산량, 시장가격, 이윤은 $Q_1^o = Q_2^o = \dfrac{a-C_o}{3}$, $P^o = \dfrac{a+2C_o}{3}$, $\pi_1^o = \pi_2^o = \dfrac{(a-C_o)^2}{9}$이다. R&D 지출 이후의 균형 생산량은 아래의 2)에서 비교한다.

2) 1국가의 R&D 지출 이후 1기업과 2기업 이윤함수는 다음과 같다:

$\pi_1 = (a - Q_1 - Q_2 - (C_o - x_1))Q_1$; $\pi_2 = (a - Q_1 - Q_2 - C_o)Q_2$.

각 기업의 쿠르노 생산량은 $Q_1^R = \dfrac{a - C_o + 2x_1}{3}$과 $Q_2^R = \dfrac{a - C_o - x_1}{3}$이고 이윤은 $\pi_1^R = \dfrac{(a - C_o + 2x_1)^2}{9}$과 $\pi_2^R = \dfrac{(a - C_o - x_1)^2}{9}$이다. 이를 이용하면 1국가의 사회후생은 1기업 이윤에서 R&D 추가 비용을 뺀 차액이므로 $SW = \dfrac{(a - C_o + 2x_1)^2}{9} - \dfrac{x_1^2}{2}$이다. 1국가의 사회후생 극대화 R&D 지출비는 $\dfrac{dSW}{dx_1} = 0$에서 $x^R = 4(a - C_o)$이다. 결과적으로 각 기업 생산량은 $Q_1^R = 3(a - C_o)$, $Q_2^R = -(a - C_o) < 0$이다. 이 게임에서 1국가는 2국가가 R&D 지출을 안 하는 것을 알고 있으므로 (2국가의 R&D 지출비=0) 1국가는 쿠르노 경쟁에서 독점에 해당하는 R&D 지출비를 지출하여 상대 기업을 시장에서 퇴출시켜 1기업이 독점이윤($\pi_1^R = (a - C_o)^2$)을 얻게 한다. (이 해는 제12장의 약탈 전략을 연상시킨다.) 1)과 비교하여 1국가는 R&D를 지출하고 2국가는 지출하지 않는 경우에, 1기업 생산량과 이윤은 증가하고, 2기업은 퇴출하는 결과를 초래한다. 2국가도 R&D를 지출($x_2^2/2$)하는 모형을 고려하여 각 기업의 생산량, 이윤과 사회후생을 비교할 수 있다.

3) 제2단계에서 2기업의 반응함수는 $Q_2 = \dfrac{a - C_o}{2} - \dfrac{Q_1}{2}$이다. 제1단계에서 1기업의 이윤함수는 $\pi_1 = (a - Q_1 - (\dfrac{a - C_o}{2} - \dfrac{Q_1}{2}) - C_o)Q_1$이므로 최적 생산량은 $Q_1^L = \dfrac{a - C_o}{2}$이다. 2기업의 생산량은 $Q_2^F = \dfrac{a - C_o}{4}$이다. 1기업과 2기업의 이윤은 $\pi_1^L = \dfrac{(a - C_o)^2}{8}$과 $\pi_2^F = \dfrac{(a - C_o)^2}{16}$이다.

규제이론

1.

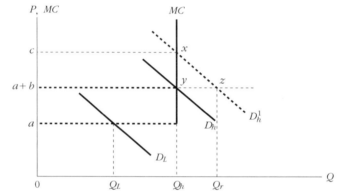

1) 비수기 생산량: Q_L (a에서 수평선과 비수기 수요(D_L)가 교차); 가격 a; 고정비 부담 없이 가변비용만 지출.

   성수기 생산량 Q_h (Q_h의 수직선과 성수기 수요(D_h)가 교차); 가격 $a+b$: 가변비용과 함께 고정비 전액 부담.

2) 성수기 수요가 D_h^1인 경우에, 주어진 가격 $a+b$에서 소비자들은 Q_r을 소비하고자 하나 생산용량은 Q_h에 고정되어 있으므로 초과수요(정체 현상)가 발생한다. xyz의 사중손실이 발생한다.

2.

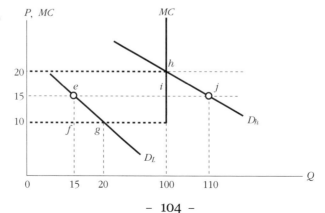

$a=10; b=10; K=100; D_L=30-P; D_H=140-2P$

1) 비수기 생산량 20, 가격 10; 성수기 생산량 100, 가격 20.

2) 37.5; 그림에서 비수기와 성수기 사중손실인 efg와 hij의 면적의 합이다.

3. 자연독점은 규모의 경제가 존재하는 경우에 발생하며, 이 구간에서 독점기업은 가장 낮은 비용으로 생산할 수 있다. 그러나 비용함수가 subadditive한 경우에 두 개의 기업이 생산하는 비용이 한 개의 기업(독점)이 생산하는 비용보다 더 낮을 수 있는데, 이 경우에 시장은 자연복점이 된다. 아래의 문제 7을 참조.

4. [그림 20-4]에서 보듯이 시장이 자연독점인 경우, 차선책($P=AC$: 즉, 평균비용 가격 설정)에서 사중손실이 작고 시장을 위한 경쟁이 가능하다면 독점 영업권 입찰, 경쟁가능성 시장, 독점적 경쟁시장 등의 경쟁체제를 도입한다.

5. $P_1=\dfrac{5}{3}; P_2=2; P_3=5$

6. 램지가격은 자연독점 기업이 손익분기점을 달성하는 조건에서 사회후생을 극대화하고 사중손실을 최소화하는 각 시장의 가격을 설정하기 위한 목적을 가진다. 램지가격은 각 시장의 마크업 비율과 탄력도의 곱이 동일($\dfrac{P_1-C_1}{P_1}\varepsilon_1=\dfrac{P_2-C_2}{P_2}\varepsilon_2=\mu$; 여기서 μ는 램지숫자)하게 한다. 이에 비해서 3차가격차별은 각 시장의 이윤의 합을 극대화하는 목적을 가지며 각 시장의 최적 가격은 각 시장의 마크업 비율이 탄력도의 역수와 동일($\dfrac{P_1-C_1}{P_1}=\dfrac{1}{\varepsilon_1}; \dfrac{P_2-C_2}{P_2}=\dfrac{1}{\varepsilon_2}$)하게 한다.

7. $C(Q; n=1)=Q^2-2Q+3$

$MC_1=2Q-2; AC_1=Q-2+\dfrac{3}{Q} \rightarrow AC$는 U자 모양이며 최저점 $Q_1=\sqrt{3}=Q_{mes}$ 에서 $AC=2(\sqrt{3}-1)=1.46$. 두 개의 기업이 있다면, 그리고 두 기업은 생산량의 반씩 시장에 공급한다면, 비용함수는 다음과 같다:

$C(Q; n=2)=2\left(\left(\dfrac{Q}{2}\right)^2-2\left(\dfrac{Q}{2}\right)+3\right); MC_2=Q_2-2; AC_2=\dfrac{Q_2}{2}-2+\dfrac{6}{Q_2} \rightarrow AC$는 U 자 모양이며 최저점 $Q_2=2\sqrt{3}$ 에서 $AC_2=2(\sqrt{3}-1)$. 또한, $Q^*=\sqrt{6}$ 에서 $AC_1=AC_2=\dfrac{1}{2}(3\sqrt{6}-4)=1.67$이다($E$에서 $AC_1=AC_2$이다). AC_1과 AC_2를 그리면 아래와 같다.

1) $[0, \sqrt{6}]$

2) $\sqrt{6}$ 이상

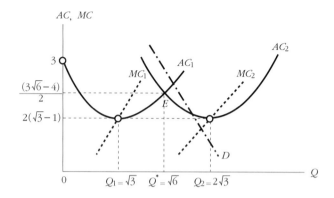

시장에 기업이 하나 있는 경우에 그리고 수요가 AC의 최저점보다 큰 점(이를 $Q_0 < Q^*$)에서 AC와 교차하는 경우에 이 기업은 자연독점이 된다. 따라서, 자연독점이 발생하는 생산량은 $[0, Q_0]$의 구간에서 발생한다. $Q_{mes} < Q_0$이므로 자연독점은 규모의 경제 구간(즉, $[0, Q_{mes}]$)에서 뿐만 아니라 규모의 비경제 구간(즉, $[Q_{mes}, Q^*]$)에서도 발생한다. 이는 비용함수가 subadditive하기 때문이다. 물론, 이 시장에서 수요가 Q_{mes}보다 작은 점에서 AC와 교차한다면, 규모의 경제가 발생하는 구간에서 생산하며, 전형적인 자연독점의 구조이다. 시장수요가 그림처럼 D인 경우에 자연독점에서의 평균비용보다, 자연복점에서 평균비용이 더 낮다. 이 경우에 두 기업이 D와 AC_2가 교차하는 점의 생산량을 반씩 생산한다.

제21장
경쟁정책

아래의 연습문제는 사회적으로 심각한 논쟁이 있을 수 있는 주제들이기 때문에 여기서는 답이라기보다는 객관적 사실을 중립적으로 제시하고자 노력한다. 독자들이 합리적인 답을 각자 만들어 보기를 권한다.

1. 공정위는 매년 공정거래백서를 출간한다. 여기에는 환상형 출자, 총수 및 가족 지분율, 계열사간 지분율, 내부지분율에 대한 자료와 분석을 내놓는다. 이를 참고하기 바란다. 환상형 출자를 반대하는 측은 지분율이 매우 낮은 데도 불구하고 총수가 그 이상의 의사결정을 하고 있으며, 이는 지배체제의 원칙과 경제 민주화에 위배되므로 이를 해결하기 위해서는 환상형 출자를 모두 해소해야 한다고 주장한다. 반면에 환상형 출자를 찬성하는 측은 환상형 출자는 우리나라에서 자연스런 현상이며 신속하고 효율적인 기업 의사결정을 내려서 우리나라 대기업이 세계시장에서 우위를 점하는 하나의 요인이라고 반박한다.

2. 우리나라 기업집단의 경제 발전에 대한 기여도는 매우 높고, 많은 기업이 국제적 비교우위를 보이고 있으며, 우리나라 경제를 지탱하고 있다고 해도 과언이 아니다. 이에 비해서 많은 기업집단이 과거의 잘못된 관행을 지속하고 있다. 무분별한 중소기업 영역침범(골목상권 침범), 일감 몰아주기, 협력사 납품가 후려치기 등은 일부의 예들이며, 연습문제 1에서 지적한 총수와 가족들에 의한 소수 지분율로 대기업 지배를 하는 행동 등도 문제의 소지를 안고 있다. 기업집단은 일반 기업에 비해서 특수하기 때문에 특별한 규제 제도가 도입되어 있다. 상호출자제한기업집단(또한, 채무보증 제한 기업집단)이 대표적인 특별 규제이다. 이러한 특별한 강력한 규제가 없다면 대규모 기업집단은 일반 기업에 비해서 용이하게 기업의 규모를 더 늘릴 소지가 다분하며, 이는 곧 일반 기업뿐만 아니라 소비자, 그리고 더 나아가 국가 경제에 피해를 불러 올 수 있

다. 현 상황에서는 대규모 기업집단에 대한 이러한 특별 규제는 정당화 될 수 있다. 그러나 특별 규제 자체는 경제에 또 다른 왜곡을 초래한다. 대규모 기업 집단의 지배체제와 부당한 내부거래, 시장지배력을 이용한 계열사와 협력사 와의 비정상적인 부당한 거래 등을 해소하는 정책을 도입하여 문제가 해소된 이후에 일반 기업과 동일한 규제를 고려할 수 있을 것이다.

3. 일반적으로 말해서 공정거래법상의 기업집단 현황공시 제도는 친경쟁적 환경 조성에 도움이 될 것으로 보인다. 동법의 시장지배적 지위의 남용금지 조항은 반경쟁적인 행위를 억제하려는 의도가 있으나 동시에 법 조항 자체가 독과점 적 시장구조를 고착시키고 해당 기업들이 안정적인 반경쟁적 구조를 유지할 수 있게 하기도 하기 때문에 재고가 필요하다고 본다.

4. 리니언시 제도, 기업결합에서 전문가에 의한 관련시장 획정 (SSNIP검증 방법) 도입 등.

5. 공정거래법에서 규제 관련 당연 위법 조항은 많이 사라졌다. 그럼에도 "부당 한" 행동에 대한 명확성은 미흡한 편이다.

6. 사회적 규제(안전, 위생 등)는 당연히 필요한 사안이다. 규제를 통해서 경쟁을 달성할 수 있다는 점은 제20장 〈그림 20-4〉를 참고한다. 규제가 없이 경제 주 체들의 자유 의사와 거래에 의해서 경쟁체제가 달성될 수 있는지는 그 목표가 어떤 경쟁체제인지에 따라 달라질 것이다. 교과서적인 완전경쟁시장 체제는 규제가 없이 달성되기는 매우 어려울 것으로 보인다.

[저자 약력]

경희대학교 신문방송학과 졸업
미국 Iowa State University 경제학 학사, 석사, 박사
전 경희대학교 경제학과 학과장, 정경대학장, 교무처장
전 한국산업조직학회 이사, 『경제학연구』 편집위원 등
전 경희대학교 경제학과 교수; 현재 명예교수

■ 저서
『우리나라의 이동전화 서비스 시장』, 2004, 경희대학교 출판
　국. 외 다수

■ 논문
Customer Poaching in Vertical Differentiation, 2001, *Korean Economic Review*, Vol. 17, No. 2, pp. 361-375.
"양면시장에서 비용 정보 공유 효과," (공저자 이금노) 2015.
　『산업조직연구』, 제23집, 제4호. pp. 1-32. 외 다수.

■ 수상
2015 春堂 학술상 수상(공동수상 이금노),
2016년 2월, 한국산업조직학회.

산업조직론 해답집 [제4판]

2013년 10월 15일　초판 발행
2016년　3월 20일　제2판 발행
2020년　3월 20일　제3판 발행
2023년　8월 30일　제4판 1쇄발행

저　자　박　　종　　국
발행인　배　　효　　선

발행처　도서출판　法文社

주소 10881 경기도 파주시 회길동 37-29
등록 1957년 12월 12일 / 제2-76호(윤)
전화 (031)955-6500~6　Fax (031)955-6525
e-mail(영업): bms@bobmunsa.co.kr
　　　(편집): edit66@bobmunsa.co.kr
홈페이지 http://www.bobmunsa.co.kr

조　판　(주)성지이디피

정가　5,000원　　　ISBN 978-89-18-91434-3